AF370528

Félix Lope de Vega y Carpio

La fianza satisfecha

Barcelona **2024**
Linkgua-ediciones.com

Créditos

Título original: La fianza satisfecha.

© 2024, Red ediciones S.L.

e-mail: info@red-ediciones.com

Diseño de cubierta: Michel Mallard

ISBN tapa dura: 978-84-1126-171-5.
ISBN rústica: 978-84-9816-191-5.
ISBN ebook: 978-84-9897-722-6.

Sumario

Brevísima presentación

La vida

Félix Lope de Vega y Carpio (Madrid, 1562-Madrid, 1635). España.

Nació en una familia modesta, estudió con los jesuitas y no terminó la universidad en Alcalá de Henares, parece que por asuntos amorosos. Tras su ruptura con Elena Osorio (Filis en sus poemas), su gran amor de juventud, Lope escribió libelos contra la familia de ésta. Por ello fue procesado y desterrado en 1588, año en que se casó con Isabel de Urbina (Belisa).

Pasó los dos primeros años en Valencia, y luego en Alba de Tormes, al servicio del duque de Alba. En 1594, tras fallecer su esposa y su hija, fue perdonado y volvió a Madrid.

Entonces era uno de los autores más populares y aclamados de la Corte. La desgracia marcó sus últimos años: Marta de Nevares una de sus últimas amantes quedó ciega en 1625, perdió la razón y murió en 1632. También murió su hijo Lope Félix. La soledad, el sufrimiento, la enfermedad, o los problemas económicos no le impidieron escribir.

Personajes

Leonido, galán
Tizón, gracioso
Dionisio, caballero
Gerardo, viejo
Rey moro
Marcela, dama
Zulema, moro
Zarrabullí, moro
Lidora, moro
Cristo, pastor

Jornada primera

(Salen Leonido y Tizón.)

Tizón
Yo no sigo tu viaje.

Leonido
La puerta me has de guardar;
y la tengo de gozar
por afrentar mi linaje.

Tizón
¡Considera que es tu hermana!

Leonido
Acaba, llama, Tizón;
porque esa misma razón
hace su infamia más llana:
   Eso me da mayor brío
para poderla gozar.
¿No gozó Amón a Thamar,
siendo hermanos?

Tizón
Desvarío
el tuyo es. ¿No sabes, pues,
cuán bien lo, pagó?

Leonido
Es así.
¡Que lo pague Dios por mí,
y pídamelo después!
   Dios ha de ser mi fiador,
porque si en verdad me fundo,
ni le ha habido, ni en el mundo
no, le puede haber mejor;
   y si es la paga en dinero,
ninguno más rico hallo.

Tizón	Sin freno está este caballo: él dará en despeñadero.

| Leonido | ¿No llamas? |

| Tizón | No, que esperaba
por ver si el divertimiento
te mudaba el pensamiento. |

| Leonido | No te canses, llama, acaba:
llama, o quítate de ahí;
que este furor me desvela. |

| Tizón | En el patio está Marcela. |

| Leonido | Pues entro: quédate aquí:
y porque mi inclinación
sepas, te quiero avisar
que no la quiero gozar
porque la tengo afición;
que ni su amor me maltrata,
ni su talle me aficiona,
ni me agrada su persona,
ni su aire me arrebata;
ni su gracia me contenta,
ni de su lengua yo gusto:
sí solo porque es mi gusto
dar a mi sangre esta afrenta:
espérame, volveré. |

| Tizón | Y ¿sabes si volverás? |

| Leonido | ¡Gracioso, Tizón, estás!
Pues claro está que lo sé; |

que a mi soberbio querer
ninguno le pone rienda;
aunque el infierno pretenda
estorbarlo, he de volver;
    que no temo el embarazo
de todo el infierno junto,
porque a su infernal trasunto
sabrá rendir este brazo;
    y si el cielo pretendiere
lo mismo, tampoco temo.

Tizón   ¡Dios ten convierta, blasfemo!

Leonido   El haga lo que quisiere;
                            y a quien mi acción atrevida
                        en honra o hacienda estrague,
                        pida a Dios que se lo pague
                        y que después me lo pida;
                            que hombre soy yo que sabré
                        satisfacer cualquier mengua.

Tizón   ¡Maldiga Dios tan vil lengua!
                        Entra, que yo esperaré,
                            rogando al cielo le ampare
                        de tal afrenta y ultraje.

Leonido   ¡Voto a Dios, que mi linaje
                        abrase si lo estorbare!

(Vase.)

Tizón   El entra ya sin gobierno.
                        ¡Ah, desdichado Tizón!
                        Si sigues tu inclinación,

serás tizón del infierno.
    No hay pecado en todos siete
que él no haya ejecutado,
ni hubo ocasión de pecado
sin asirla del copete.
    Sin mostrar rastro de pena
viendo ultrajada su fama,
esta mañana a una dama
quitó una rica cadena;
    y porque con lengua honrada
tan gran maldad reprendió,
a un sacerdote le dio
una cruel bofetada.
    Yo no sé en qué ha de parar;
que tan enorme vivir,
o en un palo ha de morir,
o el diablo lo ha de llevar,
    porque no he visto furor
semejante; y el infiel,
luego dice que por él
pague el Divino Hacedor.
    La fianza buena es,
y puede pagarlo bien;
mas es cierto que también
querrá cobrarlo después.

(Dentro Marcela.)

Marcela   ¡Cielo santo! ¿No hay justicia?

Tizón   ¡Qué es aquesto! ¿En eso estamos?
                   Declarada es su malicia.

Marcela   ¡Mi Dios, venirme a ayudar!

Tizón

El oiga tu gran gemido,
porque yo temo a Leonido,
y allá no me atrevo a entrar.

(Dentro Dionisio.)

Dionisio

¡Traidor! ¿Esto imaginaste?
¡Matadle!

(Dentro Leonido.)

Leonido

¡Menos rigor!

Tizón

Este es Leonido. ¡Ah. Señor,
y qué presto te arrojaste!
    Hoy darás tu vida amarga
en manos de tu cuñado;
que ya el diablo se ha cansado
de llevar tan grande carga.

(Sale Leonido con la espada sangrienta en la mano.)

Leonido

Esto es hecho.

Tizón

Y no bien hecho.

Leonido

Bien o mal, ya lo intenté,
y a quien gusto no le dé,
pídalo a mi fiero pecho.

Tizón (Aparte.)

Algún puto desalmado
que te lo llegue a pedir.
Y ahora, ¿dónde hemos de ir?

Leonido   A pasear al Mercado.

Tizón   ¡Cuerpo de Dios! Con tu flema
                hasle quitado a tu hermana
                la honra, y ¿con esa gana
                verás la plaza de Elema?
                   Vas de suerte, que imagino
                que eres ministro de Herodes
                ¿y es posible que acomodes;
                a seguir ese camino?
                   Yo, señor, no voy contigo;
                que en delitos tan atroces,
                la culpa está dando voces
                para que llegue el castigo.
                   Pues si le cogen, a fe
                que el pueblo busque su traza
                para que des en la plaza
                la bendición con el pie.

Leonido   Deja, gallina, el temor.

Tizón   Déjolo, y te desamparo;
                que pretendo mear claro,
                y diez higas al doctor.
                   Que has muerto a tu hermana avisa
                la fiera espada sangrienta,
                y, ¿no quieres que lo sienta?

Leonido   Calle, que es cosa de risa.
                   Tizón, ¿en eso reparas?
                luego ¿piensas que murió?

Tizón   Pues ¿no la mataste?

Leonido

No.

Tizón

Pues ¿qué la hiciste?

Leonido

Dos caras.

Tizón

Agradézcanle ¡por Dios!
la merced, que es oportuna;
que Dios no le dio más que una,
y él dice que la hizo dos.
    Señor, yo me quedo acá;
que mañana tu rigor,
por hacerme gran favor,
con dos caras me honrará.
    Tú escápate por los pies,
pues has de pagarlo.

Leonido

¿Así?
Que lo pague Dios por mí,
y me lo pida después.

Tizón

Eso sí, páguelo Dios,
que lo puede bien pagar,
pero a fe que ha de llegar
tiempo que lo paguéis vos.

(Vanse.)

(Córrese una cortina, y aparece Gerardo, viejo, en una silla, durmiendo, y al lado una caña.)

Gerardo

¡Detente, detente! ¡Aguarda,
espera, mozo atrevido!

(Despierta.)   ¡Jesús, qué pesado sueño!
                      ¿Qué es esto, cielo divino?

(Sale Dionisio alborotado.)

Dionisio   ¡Despierta del sueño torpe
                       que te tiene los sentidos,
                       noble Gerardo, ocupados,
                       y escucha de un afligido
                       las lastimosas razones!
                       ¡Escucha los fieros silbos
                       de una serpiente pisada,
                       y de un fiero basilisco,
                       y un toro herido en el coso!
                       ¡Oye, señor, los bramidos
                       y voces de una leona
                       que le han robado sus hijos!
                       ¡Oye de un hombre afrentado
                       las quejas; que Dios no quiso
                       dar lugar a la venganza,
                       como se la dio al delito!
                       Tu hijo, noble Gerardo,
                       ese que de su principio
                       es en maldades Nerón,
                       y Heliogábalo en los vicios;
                       ese a quien jamás la rienda
                       del corazón ha rendido,
                       antes, cual fiero caballo,
                       corre tras de su apetito;
                       ese Luzbel en soberbia,
                       ese hidrópico, de vicios,
                       pues no, le sacian pecados
                       aunque cometa infinitos;
                       ese, pues, entró en mi casa.

(Mas ¡cielos! ¿cómo lo digo?
que no es bien diga su afrenta
quien vengarla no ha podido.)
Pero aunque a ti te lo cuento,
se queda en mi pecho mismo,
porque siendo uno los dos,
es decirlo yo a mí mismo.
Entró, señor, en mi casa
con pensamientos lascivos,
siendo mi mujer su hermana,
y entrambos a dos tus hijos,
imaginé que segura
gestaba de sus designios
mi honra; pero engañéme,
como sus obras lo han dicho.
Tú, señor, tienes la culpa,
porque si en otros delitos
su soberbia no ampararas,
ni tanto hubieras sufrido;
si cuando de ricas joyas
tus más secretos archivos,
para los juegos dejaba,
por darte pesar, vacíos,
hubieras, señor, dejado
que ejecutara su oficio
la justicia, y no ampararas
al que de un palo era digno,
ahora no hubiera dado
causa a tan justos suspiros,
ni en mi cara, como ves,
su maldad hubiera escrito.
Al fin, señor, de Marcela,
tu hijo, el tálamo limpio
quiso manchar, y quitarle

la honra que tanto estimo.
Mas ella, que tiene sangre
tuya y mía, con los bríos
que recibe de los dos,
dio a su defensa principio,
y no teniendo otras armas,
los dedos navajas hizo,
con que defendió animosa,
sin manchar tu honor, el mío,
cuando el traidor, indignado
como fiero basilisco,
sacando su infame espada,
la dio, en su rostro dos filos.
Ella, que herida se siente,
a voces defender quiso
lo que, por faltalle fuerzas,
tuvo ya por ofendido.
Apenas sus tristes voces
tocaron en mis oídos,
cuando, por librar mi oveja,
corrí tras de sus balidos.
Llego, y al entrar encuentro
al lobo, que, convencido
de las voces, se salía,
mostrando fingido riso;
sacó la espada, y sin darme
lugar a defensa, hizo
en mi rostro lo que ves,
y de la ciudad se ha ido.
Nada le turba ni altera,
porque hasta el mismo delito,
que a otros sirve de freno,
a él de espuelas ha servido.
  Quise seguirle...

(Sale Leonido.)

Leonido   Detente;
que no has menester seguirme,
porque no he querido irme
hasta ver si eras valiente.

    Yo, padre, yo mismo he sido
el que pretendió, atrevido,
quitar la honra a mi hermana,
no por ser ella liviana,
sí porque tal he nacido;

    que en viva rabia deshecho,
hallo por mi buena cuenta,
que, para estar satisfecho,
por dar a mi sangre afrenta,
me la sacara del pecho.

    Y de tal suerte la aborrezco
que pienso que con la diestra
a sacar la infame vuestra
desde este punto me ofrezco.

    Y sin temor ni amenaza
de vuestra vejez cansada,
con aquella infame traza,

    Yo lo hice, yo; yo he sido
el que pretendió, atrevido,
afrentaros; y tal vengo,
que el mayor pesar que tengo
es no haberlo conseguido.

    Ya sabéis lo que ha pasado,
porque cuenta os vino a dar
ese que está a vuestro lado,
que no fue para vengar
el honor que le habéis dado.

Si lo tuvo por afrenta,
eso a mí más me contenta,
y de suerte me alborozo,
que es tanto mayor mi gozo,
cuanto él el agravio sienta.

Gerardo

¡Hijo cruel! ¿Cuándo viste
en los años de tu padre
cosa que a tu ejemplo cuadre
para los males que hiciste?
¿Cuándo, soberbio, aprendiste
de mis costumbres ancianas
la lección de tus livianas
mocedades, que has seguido,
y te hacen, atrevido,
que menosprecies mis canas?
    ¿Qué acciones, di, notaste
en mi tierna mocedad,
que te diesen libertad
para lo que aquí intentaste?
¿Cuándo en mí, Leonido, hallaste
ni señal que te indujera
a tu intento desbocado,
ni indicios de haberte hallado
en tan infame quimera?
    ¿Qué Nerón que tú más fiero?
¿Qué más saeta cruel?
¿Qué más soberbio Luzbel?
¿Qué lobo más carnicero?
De tus maldades infiero
que, siguiendo ese gobierno,
el Soberano y Eterno
castigará tu insolencia,
por su infinita clemencia,

en las penas del infierno.
　　Y aun es de suerte tu vida,
que el fiero rigor que digo
será pequeño castigo
a culpa tan conocida;
porque ¡infame fratricida!
De una tan notoria afrenta
tomará Dios a su cuenta
el castigo, de tal modo,
que de una vez pagues todo;
y ¡plegue a Dios que yo mienta!

Leonido	　　Que mientas o no, ¿qué importa?
Ya el delito cometí;
que lo pague Dios por mí,
y tus razones acorta.
Pero si quieres, exhorta
a tu yerno, que promete
vengar lo que en su retrete
pasó, que tiene ocasión,
y no ponga dilación
en asirla del copete,
　　puesto que se ve afrentado.

Dionisio	¡Infame, saca la espada,
que no es bien esté envainada
cuando tan mal has hablado!

Leonido	Préciaste de muy honrado;
si no lo fueras, lo hiciera,
porque afrentado te viera;
y no me está bien a mí,
porque hago el caso de ti
que de una mujer hiciera.

     Aquí dar voces le cuadra
al honor que en ti se pierde,
porque pocas veces muerde
el perro que mucho ladra.
Muy bien sabes que en tu cuadra
te faltó la valentía,
y así verás este día
cómo el corazón te engaña,
pues con aquesta vil caña
castigaré tu osadía.

(Dale de palos.)

Gerardo   ¡Tente, Leonido arrogante,
alma de razón exenta!

Dionisio   La venganza está a mi cuenta.

Leonido   Quitaos, viejo, de delante,
castigaré a este arrogante.

Gerardo   ¡Nombre de viejo me ofreces
cuando el de padre obscureces,
y es la causa, que tu loca
vida es tal, que aun en la boca
a tu padre no mereces!

Leonido   Tu caduco intento sigue
defender a mi enemigo,
y así, lleva tú el castigo,
pues no quieres le castigue:
¡torna, porque se mitigue
mi cólera!

(Da un bofetón a su padre.)

Gerardo

       ¡Santo cielo,
justicia!

Dionisio

       Mi noble celo,
padre, te intenta vengar.

Leonido

Si yo te diera lugar,
que lo intentaras recelo.

Dionisio

   ¿Quién hizo tan vil delito?

Leonido

Yo, porque más no presumas;
siendo mis dedos las plumas,
le dejo en tu cara escrito,
porque como solicito
que mil afrentas te haga,
solo mi furia me paga
con hacer su sangre fiel
tinta, tu pecho papel,
y fiera pluma esta daga.
   Voyme, que verle no quiero;
si tú lo intentas vengar,
en la ribera del mar,
hasta puesto, el Sol, espero.

(Vase.)

Gerardo

¡Plegue a Dios, ingrato, fiero,
que el cielo tome venganza,
pues mi vejez no la alcanza!
Sin que te guarde decoro,
permita que un brazo moro

te pase con una lanza.
　　Y pues que te vas burlando
de mí, permita por ello
que, con una soga al cuello,
en Túnez te entren arrastrando.
Esto con causa demando,
y que para cumplimiento
de tan grande atrevimiento,
infame Sardanápalo,
acabes puesto en un palo,
donde sirvas de escarmiento.

Dionisio　　　　　　Las maldiciones, que lanzan
tus iras, señor, afloja,
porque las que un padre arroja,
casi de continuo alcanzan:
tus palabras se abalanzan;
sosiega, padre y señor;
que en tan acerbo rigor,
para alivio de tu mal,
te queda un yerno leal,
si se va un hijo traidor.
　　Deja el pasado intervalo:
que si el traidor está ausente,
en mí un hijo obediente
tendrás para tu regalo,
que en amar tu pecho igualo;
y porque mejor lo veas,
si ir a descansar deseas,
llevarte en mis hombros fundo,
y mostraremos al mundo
ser tú Aquiles y yo Eneas;
　　mira que no son engaños.

Gerardo

> Tu obediente pecho estimo,
> y en tus dos hombros arrimo
> la carga de tantos años;
> que esos nobles desengaños
> son puntales do se encierra
> en cualquier caduca guerra,
> cuando con pena forceja,
> esta casa, que de vieja
> quiere ya dar en la tierra.
>   Vamos a ver a mi hija
> y a tu esposa; que me da
> pena tu pena.

Dionisio

>   Tendrá
> gusto en verte; no te aflija
> tu vejez, sino corrija
> la tristeza que te ofrece.

Gerardo

> Hoy mi yerno me obedece,
> y mi hijo me fue traidor;
> ¡Tenga la paga, Señor,
> cada cual como merece!

(Vase.)

(Salen Leonido y Tizón.)

Tizón

>   No es mi intención ofenderte,
> sino el haberme mandado
> te buscase con cuidado.

Leonido

> Pues, Tizón, puedes volverte,
>   y a quien eso te mandó,
> podrás decir que no ha sido

posible hallarme.

Tizón   Leonido,
¿qué demonio te cegó
   para intentar en la sala
lo que te echa de tu tierra?

Leonido   Mi descanso es en la guerra;
¡vete, Tizón, noramala!

Tizón   No quiero nada, señor;
a quien la quiera, la da.

(Hace que se va.)

Leonido   Oye, escucha, ven acá;
ve, y di a aquel hablador
   de Dionisio, que le aguardo,
pues dice que no es cobarde,
hasta mañana en la tarde
en este puesto.

Tizón   Gallardo
   mensajero has escogido!
Seré viento en el volver:
y ¿qué armas ha de traer?

Leonido   Las que con menos ruido
   pudieres.

Tizón   Pues yo me parto.

Leonido   ¡Dios te guarde!

Tizón   Bien sería:
yo muero si en todo el día
de tu presencia me aparto;
    que una dama me mandó
te siga, para notar
tus intentos, y he de estar
donde pueda verlos yo.
    Parece que el puesto place;
¡plegue a Dios que no me venza
el sueño; que ya comienza
Baco a surtir! Calor hace;
    y pues aun es tan temprano,
y el sueño me desafía,
no he de mostrar cobardía;
yo he de ir a probar mi mano.

(Vase.)

Leonido   El cuerpo siento cansado.
¿Cómo a tal extremo llego?
¿Yo he de cansarme? Reniego
del traidor que el ser me ha dado.
    Árboles, si osáis menear
vuestras hojas mientras duermo,
soy el Diablo de Palermo,
y las tengo de abrasar.
    Sed Argos en mi defensa,
y honraré vuestros despojos
si las hojas hacéis ojos
para que, estorben mi ofensa.
    Por vos nacen mis rigores:
guardadme y perded recelo;
que abrasaré al mismo cielo
si negáis vuestros favores.

(Duérmase, y salen el rey Berlerbeyo, Zulema y Zarrabullí.)

Rey   ¡Gracias, Alá, que pisamos
las sicilianas arenas!

Zulema   Mira, señor, lo que ordenas;
que junto a Alicata estamos.

Zarrabullí   Tú coger muchos cristianos,
y rico a Túnez volver.

Rey   Yo ya los quisiera ver
para probar estas manos;
   que hasta tanto que a Lidora
haya servido, no acierto
a dar paso.

Zulema   Ya en el puerto
de Alicata estás, y ahora
   mira que has de prevenir
que esta ribera es del Saso,
a donde suelen acaso
algunas veces venir
   cristianos a entretener
el tiempo.

Zarrabullí   Tened cuidado;
que ser cristiano es forzado,
y dar a todos que hacer.

Rey   ¿Ya temes, perro?

Zarrabullí   No: creo

que hombre apercibido
vale más.

Zulema

      Allí dormido
parece que un hombre veo.

Rey

      Pues quedo, y sin vocería,
le quitad luego la espada.

Zulema

Ya yo la tengo ganada.

(Quítale la espada a Leonido.)

Rey

Despertad; que ya es de día.

Leonido

   ¡Contra mí tan vil intento!
¿Las armas osáis sacar,
sabiendo os puedo abrasar,
infames, con el aliento?
   Decidme, ¡canalla perra!
¿Cómo el verme no os espanta,
pues en moviendo la planta,
hago que tiemble la tierra?
   Y si me hacéis enojar,
solo con un puntapié,
¡perros! os arrojaré
a esotra parte del mar.

Rey

   No temo fieros cristianos
de gallinas como él,
y así, con este cordel
le pretendo atar las manos.

Leonido

   ¿A mí atar, cuando mi fama

tiene a Sicilia alterada?
Pues me quitaron la espada,
árbol, prestadme una rama;
que aquí, sin más intervalos,
ni dejarlo que sosiegue,
porque a morder no me llegue,
mataré este perro a palos:
aquí veréis lo que valgo.
Riñe.

Rey   ¡Muera, Zulema!

Leonido   Llegad
moros, y el palo probad.

Zulema   ¡Muera el perro!

Leonido   ¡Muera el galgo!

(Entralos a palos Leonido, y sale Tizón, y lleva una bota, y en un lienzo un poco
de tocino.)

Tizón   ¡Válgame Santa María,
San Gil, San Blas, San Antón!
Y ¿quién te ha hecho, Tizón,
entre los turcos espía?
¡Oh, mal haya Belcebú!
¡Ya no, me puedo valer!
¡Hoy me llevan a comer
la cabra con alcuzcú!
Pero aquí quiero esconderme
por si pudiera escaparme.

(Escóndese, y sale Zarrabullí, moro.)

Zarrabullí	¡Santo Mahoma, ayudadme;
	que no poder defenderme!
	¡Válgate el diablo! El cristiano,
	¡oh, qué valiente que ser!
	Ya no poder defender,
	sino quedar en su mano.
	Aquí me esconder callando,
	sin osar hacer ruido.

(Escóndese donde está Tizón, y préndele.)

| Tizón | ¡Oh! Sea muy bien venido; |
| | que ya lo estaba esperando. |

| Zarrabullí | ¿Quién diablos, cristiano, estar |
| | aquí agora? |

Tizón	Sí que estoy,
	y ya verás lo que soy;
	que lo tengo de pringar.

| Zarrabullí | ¡Oh, que nacer desdichado! |

(Sale Leonido con las armas de los moros, y ellos delante.)

Rey	A tus fuerzas me rendí,
	porque en mi vida no vi
	tan gran valor de soldado.
	Hoy puedes decir que has sido
	más que Marte, porque Marte
	no fuera a vencerme parte,
	y tu brazo me ha vencido.
	Confiésome por tu esclavo;

y aunque el serlo a pena arguyo,
estimo tanto el ser tuyo,
que ya de serlo me alabe.
    Y pues con aqueste leño
me venciste, no te asombre
te pida tu patria y nombre,
porque conozca mi dueño.

Leonido   Oye, si tu gusto es ese,
y sabrás quién te venció.

Zarrabullí   Qué, ¿no beber vino yo?

Tizón   Beba, galgo, aunque le pese.

(Dale a beber.)

Leonido   Sabrás, esforzado moro,
a quien llaman Berlerbeyo,
que, sin conocerte, dice
quién eres tu propio esfuerzo,
como nací en Alicata,
a quien el Saso, da riego,
que en los montes de Petralia
sale del terreno suelo.
Fue mi nacimiento asombro
a todos los de mi pueblo,
por las estupendas cosas
que, como oirás, sucedieron.
Nací una lóbrega noche,
y tan lóbrega, que el cielo
mostró cubrirse la cara
por no ver mi nacimiento.
Fue tan horrible a los hombres,

que, con ser casi en invierno,
dieron sus truenos, espanto,
y sus relámpagos miedo.
Pensó asolarse la isla
viendo, tan airado el cielo.
que envueltos en duras piedras
arrojó rayos y fuego.
El Etna salió de madre,
despidiendo de su pecho
mil encendidos volcanes,
que iban abrasando el suelo.
Bramaba el mar. Y las rocas
bramaban con tanto exceso,
que, oyéndolas en Sicilia,
su fin tuvo por muy cierto.
Nací, en fin, en esta noche,
y se dice que, en naciendo,
di una voz que causó espanto,
por salir de tal sujeto.
Fueme criando mi madre,
y decía que, los pechos
mil veces la ensangrentaba,
en señal de aborrecerlos,
y que mostraba más gusto,
como voraz sanguijuelo,
de beber de aquella sangre,
más que por el alimento.
En fin, moro, con los años
fue la malicia creciendo
de suerte, que me temían
los muchachos de mi tiempo.
Y fue el temor en tal grado,
que para ponerles miedo,
«¡Guarda, que viene Leonido!»,

decían sus padres mesmos.
No, para solo en muchachos;
que los varones perfectos,
solo con oír mi nombre,
eran de hielo sus pechos.
Llegó mi maldad a tanto,
que el mayor blasón que tengo
es pensar que no se encierra
mayor diablo en el infierno.
Jamás di la muerte a nadie;
pero a infinitos afrento;
que gusto verlos sin honra,
por ver que lo sienten ellos.
En esto todas mis fuerzas
fundo, porque sé de cierto
que estar sin honra un honrado,
es vivir estando muerto.
Quise afrentar a mi madre
con lascivos pensamientos,
y porque se resistió,
mil heridas di en su pecho.
A un sacerdote le di
un bofetón en el templo,
y solo tengo pesar
de no haberle dado ciento.
En mi vida estuve en misa,
porque has de saber que tengo
por perdido, y mal perdido,
el tiempo me gasto en eso.
Más son de treinta doncellas
las que en esta vida puedo
decir que dejé sin honra:
¡mira que heroicos sucesos!
Intenté a mi propia hermana

deshonrar; no quiso el cielo,
mas ¿qué digo? Yo no quise
que Dios no bastaba a hacerlo,
porque es corto su poder
si yo las cosas comprendo;
ni el infierno tiene fuerzas;
que tiembla de mí el infierno.
Dila, al fin, dos puñaladas;
y porque un infame viejo,
el cual dicen es mi padre,
quiso reprenderme de ello,
con un bofetón le puse
bajo mis pies, y sospecho
que es la cosa que en el mundo
me ha dado mayor contento.
Este soy, soberbio moro,
y no pienses que me tengo
por más, porque te he vencido;
que eso para mí es lo menos.
Y ¡voto a Dios! que me holgara
que trajeras el infierno
contigo, porque los diablos
echaran de ver mi esfuerzo.

Rey   Noble y valiente Leonido,
por aquel sagrado templo
a donde está de Mahoma
el santo, y divino cuerpo,
que aunque siento el ser cautivo,
por serlo tuyo me alegro,
y estimo más conocerte,
que ser de un reino heredero.
Yo salí solo a dar gusto
a una mora, por quien peno,

y ella me pidió un cristiano
de Sicilia; que aunque tengo
infinitos que la sirven,
son las mujeres extremos,
y apetecen novedades,
como es de flacos sujetos.
Holguéme verte en la orilla;
que como estabas durmiendo,
tuve por cierto cine fueras
la causa de mi remedio.
Pero sucedió al revés;
y no siento lo que pierdo,
aunque fuera más, pues gano
a tan gran varón por dueño.

Zarrabullí   E yo también estimar
a vos, y tener respeto.

Tizón   Mas no lo tengas, que un palo
dirá cómo has de tenerlo,
porque con él cada día
te enseñaré.

Zarrabullí   No quererlo.

Rey   Parta Zulema, si gustas,
y diga en Túnez, que preso
quedo en tu poder, Leonido.

Zulema   En el volver seré viento.

Zarrabullí   No, señor, que yo ir mejor.

Tizón   Sabe, galgo, que no quiero.

Leonido   Luego ¿tú tienes cautivo?

Tizón   Pues ¿no lo, ves si le tengo?
                 Y se me piensa escapar.

Zarrabullí   No querer escapar, cierto,
                 sino decir a Lidora
                 que ser preso Berlerbeyo.

Tizón   No me está bien eso a mí,
                 y más ahora, que intento
                 darle un poco de tocino
                 que dentro este lienzo tengo.

Zarrabullí   No comer tocino yo.

Tizón   Acabe, cómalo, ¡perro!
                 porque le aguarda la bota.

Zarrabullí   ¡Ah, señor, jamás beberlo;
                 que castigará Mahoma
                 este grande atrevimiento!

Tizón   Aunque no quiera Mahoma,
                 yo lo quiero.

(Hace que beba.)

Leonido   Yo pretendo,
                 dando otra afrenta a mi sangre,
                 aumentar el amor nuestro.
                 Toma, príncipe, tus armas,
                 vosotros haced lo mesmo,

y dame acá un capellar
y turbante.

Tizón   ¡Santo cielo!
Señor, ¿qué quieres hacer?

Leonido   Lo que yo quiero, o no quiero,
ahora lo verás, Tizón.

Zarrabullí   Yo desnudarme pretendo
por vestirte; que no es mucho
me desnude por mi dueño.

Leonido   ¿Qué te parece, Tizón?
¿Estoy galán?

Tizón   Estas hecho
un Gran Turco en el vestido,
y un Solimán en el pecho.

Leonido   Pues vete y dile a mi padre
que de su sangre reniego,
de su Dios y de su ley,
del Bautismo y Sacramentos,
de su Pasión su muerte,
y sigo a Mahoma.

Tizón   ¡Ah, perro!
(Aparte.)   ¡Dios te castigue! Señor,
esa nueva no me atrevo
a llevar de ti.

Leonido   Pues ven,
y serás cautivo.

Tizón   Menos;
más quiero llevar la nueva.

Rey   Goces el hábito nuevo
eternos años, Leonido.

Leonido   Y tú los vivas eternos;
vamos a ver a Lidora,
por tu gusto.

Rey   Tal le tengo,
que aquí y allá, mientras viva,
soy tu esclavo.

Leonido   Por mi dueño
te pienso siempre tener,
mientras me dure el aliento.

Tizón   Partamos; y esta anguaria,
junto con este sombrero,
llevaré para testigo;
mas mira, señor, que el cielo
ha de cobrar.

Leonido   Ya lo sé,
mas buena fianza tengo;
pague Dios una por una;
que después ya nos veremos.

Fin de la primera jornada

Jornada segunda

(Salen Leonido, de moro, y Lidora, mora.)

Lidora   Detente.

Leonido   No hay detener.

Lidora   Vuelve la cara.

Leonido   No quiero.

Lidora   Eres cruel.

Leonido   Soy acero.

Lidora   ¡Cruel hombre!

Leonido   ¡Necia mujer!

Lidora   Mira que te quiero.

Leonido   ¿A mí?

Lidora   A ti.

Leonido   Pues que no me quieras.

Lidora   ¡He de morir!

Leonido   Aunque mueras.

Lidora   Y ¿por causa tuya?

Leonido   Sí.

Lidora   ¡Ah, gran Argolán!

Leonido   ¡Lidora!

Lidora   Qué, ¿no, me querrás?

Leonido   ¡Jamás!

Lidora   ¡Eres cruel!

Leonido   ¡Necia estás!

Lidora   ¡Oye, mi bien!

Leonido   Quita, mora.

Lidora   ¿No te obliga mi hermosura?

Leonido   No, porque la voluntad
                 no se inclina a tu beldad,
                 y el intentarlo es locura.
                    Si cruel te he parecido
                 en estas respuestas darte,
                 no puedo, Lidora, amarte,
                 aunque a otras he querido.
                    Lascivo en extremo he sido,
                 señora, y en tanto grado,
                 que he bellos rostros gozado,
                 y al tuyo le he aborrecido.
                    Yo confieso que eres bella;
                 de serlo puedes preciarte;
                 pero yo, Lidora, amarte,

no lo permite mi estrella.
    Confieso, conozco y sé
las gracias que tú atesoras,
y aunque me cansan las moras,
te estimo, y no, sé por qué.
    Ese tu gallardo brío,
el donaire, la belleza,
el garbo, la gentileza,
me llevan el albedrío.
    Ese cuello de marfil,
que la misma nieve afrenta;
esos ojos, en que ostenta
amor rayos mil a mil;
    ese tu saber profundo,
de quien es bien que se asombre
el mundo, no puede un hombre,
sino que te adore el mundo.
    Y aunque sé que no merezco
los favores que me has hecho,
no sé que miro, en tu pecho,
que de verdad te aborrezco.

Lidora	 Aunque me ves que soy mora,
a los moros aborrezco,
y aqueste amor que te ofrezco,
grandes bienes atesora.
    ¡Quiéreme, Argolán!

(Sale el Rey.)

Rey	 ¿Así
se guarda la ley a un rey?

Lidora	¿Cuándo yo falté a tu ley?

Rey

   ¿Cómo cuándo, si yo vi
     que le estabas persuadiendo
   al noble y fuerte Argolán
   te sirviese de galán?

Lidora

   Y en eso, di, ¿qué te ofendo?

Rey

    ¿Qué me ofendes? ¿No me diste
   palabra de que sería
   mío tu amor, si traía
   un cristiano?

Lidora

         Bien dijiste;
    pero yo no te he agraviado;
   que si bien lo consideras,
   aunque eso fuera de veras,
   el cristiano no me has dado.

Rey

    Ya sé con quién te recreas,
   y a quien con tu amor persuades.

Lidora

   ¿Es muy bueno que te enfades
   cuando burlarme deseas?

Rey

    ¿Yo burlarte?

Lidora

         Sí, señor,
   pues un cristiano ofreciste,
   y, como ves, me trajiste
   un moro, a quien tengo amor.
    Y es tan grande la afición
   que le tengo, que le diera,
   solo porque me quisiera,

la sangre del corazón.
   ¿Qué digo querer? Por solo
que algún amor me mostrara,
y a la cara me mirara,
aunque con fingido dolo,
   le hiciera, a estar en mi mano,
según le tengo el amor,
de todo el mundo señor,
y con poder soberano;
   y si más mi amor me prueba
a mostrar que soy mujer,
puedes, Berlerbeyo, creer
que es por el traje que lleva;
   que a no traer traje moro,
y no haber su ley negado,
patente hubiera mostrado
lo que en el alma le adoro.

Leonido   Y correspondencia hallaras;
mas mi mala inclinación
me fuerza a que tu afición
menosprecie.

Rey   ¿En qué reparas?
   Ya, Argolán, patente has visto
lo que esa mujer te adora.
Tú, ¿qué dices?

Leonido   Que Lidora
se cansa, que yo resisto
   a su gusto, y que primero
le faltará luz al día,
a mi brazo valentía
para regir este acero;

primero verás bajarse
de los cielos las estrellas,
y en este suelo con ellas
duras piedras barajarse;
   y antes dejará de ser
Mahoma santo Profeta,
que yo en tus cosas me meta
ni estime aquesta mujer.

Rey	 Estos brazos, Argolán,
por el favor que me has hecho,
del gran amor de mi pecho
patentes muestras darán.
   Rige, traza, manda, ordena
en Túnez, cual dueño suyo;
que todo mi reino es tuyo.

Leonido	No quiero yo cosa ajena.

Rey	 Ponte mi corona real.

Leonido	No reino yo en compañía,
porque la soberbia mía
no tiene en el mundo igual.
   Algún día podrá ser
(y esto en mi valor lo fundo)
que sacándote del mundo,
me la pueda yo poner.

Rey	 ¿Estás loco, por ventura?
Mas sí lo debes de estar;
y así le habré yo de dar
el castigo a tu locura;
   que eres villano grosero,

y fuera bien que advirtiera
tu soberbia, que estás fuera
de tu propio gallinero.

Leonido   Con mostrar las obras callo,
con que he de ponerte freno;
que en el suyo y el ajeno
canta, cuando es bueno, el gallo.
 Llama todo tu Gobierno,
a tu ciudad y a Mahoma;
que haré que mi rabia os coma
y os vomite en el infierno:
 desnuda, moro, el acero.

Rey   ¡Ah de mi guarda! ¡Lidora!

(Sale Lidora.)

Lidora   ¿Quién mi cuarto altera ahora?

Leonido   Yo, Lidora, yo le altero;
 yo, que afrento vuestra ley;
yo, que asuelo la ciudad;
yo, que rompo la amistad,
yo, que mato vuestro Rey;
 yo, que jamás me acobardo;
y para mostrar mi modo,
saca, Rey, tu reino todo;
que en la ribera te aguardo.
 Salid, que allí mostrará
este brazo varonil,
que a ti, a ciento y a cien mil,
y a Mahoma abrasará.

(Vase.)

Rey   ¡Espera, perro!

Lidora   Detente,
           noble Berlerbeyo, aguarda;
           deja sosegar tu guarda
           y aquese brazo valiente.

Rey   ¿Qué dices?

Lidora   Digo que cese
           ese enojo, y que tu brío,
           esta vez, por amor mío,
           le ha de perdonar.

Rey   Si ese
             es tu gusto, me detengo;
           y haz cuenta que un encendido
           rayo en el aire has tenido,
           de lo cual a inferir vengo,
             Lidora, que sola fueras,
           cuando tan furioso estoy,
           a la venganza que voy,
           quien detenerme pudieras;
             y a mi pecho, de ira lleno,
           que tras la venganza vuela,
           siéndole el agravio espuela,
           solo tu amor es el freno;
             porque con verte presente,
           el enojo se me olvida:
           yo le concedo la vida.

Lidora   Mahoma la tuya aumente.

(Sale Zarrabullí.)

Zarrabullí   Dar a mí albricias, Lidora.

Rey   De alguna graciosa tema.

Lidora   Dinos de qué.

Zarrabullí   Que Zulema
                a palacio llega ahora,
                   y traer muchos cristianos
                presos para que servirte.

Lidora   Si es verdad, gusto de oírte.

Zarrabullí   Decir que son sicilianos.

Lidora   Dile que entre.

Zarrabullí   Ser Pompeyo.

Rey   Valiente soldado, es.

(Salen Zulema, Gerardo, Tizón y Marcela, cautivos.)

Zulema   Pasad y besad los pies,
                cristianos, a Belerbeyo.
                   Y tú, señora, las plantas
                en sus bocas y en la mía
                pon con gusto.

Lidora   Alegre día,
                pues que tanto te adelantas.

Zarrabullí   En darle gusto no tardo.

Lidora   Cuéntame, Zulema fuerte,
                    tu jornada.

Zulema   Tuve suerte;
                    ya prosigo.

Lidora   Ya te aguardo.

Zulema   Al punto, Lidora hermosa,
                    que cogió su manto oscuro
                    la enemiga de los hombres
                    y encubridora de insultos;
                    cuando el soberbio Boreas
                    a sus caballos les puso
                    en los acicates alas
                    para que huyesen del mundo;
                    cuando el hijo de Hiperión,
                    vistiendo de negro luto
                    los antípodas, nos muestra
                    gozoso su aspecto rubio,
                    a cuya vista las aves,
                    con los piquillos agudos,
                    siendo los sauces atriles,
                    forman al Sol contrapuntos,
                    salí de Túnez alegre
                    (solo por buscar tu gusto;
                    que es mi brazo, bella mora,
                    a tus placeres conducto).
                    Con cien africanos moros
                    las anchas playas ocupo
                    donde sus palacios tiene

el hidrópico Neptuno;
apenas pisé las aguas,
cuando al paso se me opuso
una nave que el piloto,
sin dormir fue Palinuros,
porque aunque estando despierto
pretendió su fiero orgullo
que llevar, ver y vencer,
como el César, fuera junto;
y en esta ocasión salieron
vanos los intentos suyos,
porque apenas embestimos,
cuando se bajó al profundo.
Era la gente cruzada
de aquel Profeta desnudo
que ellos dicen que a su Dios
mostrar con el dedo supo;
pero ni su cruz, ni ellos,
ni su Dios, hicieron fruto,
antes forzados bajaron
a besar el pie a Neptuno;
porque yendo yo a servirte,
noble Lidora, presumo
le faltara al cielo fuerza
contra mi brazo robusto.
Al fin, adelante paso,
y seguro el agua surco;
y aunque en Malta lo supieron,
no salieron de sus muros.
Y al tiempo que el rojo Febo,
cansado de dar al mundo
tan gran vuelta, en el ocaso
escondió su veloz curso
por entre pardos celajes,

aunque a la vista confusos,
de la famosa Sicilia
descubrí sus altos muros;
tomé puerto en sus arenas
como cazador astuto,
buscando a tiento la caza,
y de improviso la escucho.
Dividí luego en cuadrillas,
entre unos árboles mudos,
la gente, donde las aves
sonaban tantos arrullos,
y yo, de ellos apartado
medio tiro de trabuco,
dándoles la seña cierta,
de verdes hojas me cubro.
Allí estuve sin dormir,
que como la caza busco,
me fueron los ojos hojas,
aunque al fin ojos nocturnos.
Apenas sonaba el aire,
cuando tengo por seguro
ser cristianos; que la noche
hace de las sombras bultos.
De esta suerte lo pasamos
todo el tiempo que tributo
pagó el mar a las tinieblas,
por estar Febo difunto.
Hasta que saliendo el alba,
al Supremo Alá le plugo
que una mujer con tres hombres
dieran materia a mi triunfo.
No les juzgué bien apenas,
cuando el alfanje desnudo,
y emprendiendo a todos cuatro,

mostré no tener segundo.
Murió el uno y traigo tres,
y de lo que más presumo,
es porque son sicilianos,
cosa tanto de tu gusto.
Y yo, por mostrar, señora,
en lo que a servirte acudo,
lo que más has de estimar,
a tus plantas lo reduzco
con mi boca, a quien suplico
no mire el presente rudo,
sino la gran voluntad
con que en servirte me ocupo.

Lidora   Hasme dado tal contento,
Zulema, con tu victoria,
que me dice el pensamiento
sean mis brazos la gloria
del gallardo vencimiento.

Zulema   Tu discreción has mostrado,
y a nuevas obligaciones
quedo, señora, obligado,
pues en tan breves razones
toda mi historia has pagado.
    No has mostrado ser mujer
en eso poco que hablaste,
dardo bien a conocer
que mejor tú lo pagaste
que yo lo supe vencer.

Lidora   A quien eres corresponde,
gran Zulema, tu opinión.

Rey

    ¡Mahoma divino! ¿Adónde
llegará la discreción
que en esta mujer se esconde?
   Como veis que cara cuesta,
toda la carta ofrecéis
a quien el premio os apuesta.

Zulema

    Yo pienso que la tendréis,
gran señor, por muy bien puesta;
   mas si algún caso siniestro
contra vos en ofrecella
hice, como poco diestro,
quede Lidora con ella,
y yo por esclavo vuestro.
   Y que así tratéis es justo
a quien no debe ignorar,
como yo, vuestro disgusto;
que antes en darla a Lidora,
entendí que os daba gusto.

Rey

    Ella está bien empleada,
como es justo que lo esté
una tan buena jornada,
y yo su esclavo seré
si mi servicio le agrada;
   que tan buena servidumbre
(supuesto que la trajeras)
era de tu cara lumbre,
y en no dársela, me dieras
extremada pesadumbre;
   que quien por su cuenta toma
servir con bríos, lozanos
mi valor, que el mundo doma,
merece, no que cristianos,

mas que la sirva Mahoma.

Lidora

El favor, que no merezco,
dentro el corazón imprimo.

Rey

Yo el presente os agradezco.
y en señal de lo que estimo,
Zulema, este anillo ofrezco;
    recíbelo, no por paga,
sino en señal de afición.

Zulema

El será ocasión que haga
mi brazo en otra acción
presa que más satisfaga.
    Que a toda la cristiandad
los dos juntos me obligáis
rinda a vuestra voluntad,
pues vos con premios me honráis,
y vos con tanta amistad.

Lidora

    Id a descansar, señor;
que cansado habréis venido.

Zulema

Agradezco ese favor,
pero el haberos servido
es mi descanso mayor.

Tizón

    ¿Qué habemos de encarecer
la jornada, y el camino,
y dejarnos perecer
sin dar un trago de vino
a quien rabia por beber?
    Que yo no busco regalo
en esta mísera vida,

sino vino bueno o malo;
que ya sé que la comida
ha de ser con algún palo.
    Que si en cualquiera ocasión
los duelos con pan son menos,
yo soy de otra complexión;
que no menos, sino buenos
mis duelos con vino son.
    Mas paciencia; ya me aplaco
entre esta perra canalla,
y mis flacas fuerzas saco;
pero ¿qué paciencia se halla
do no conocen a Baco?

Lidora   Si me das, señor, licencia,
enviaré por Argolán.

Rey   Sí, pero no en mi presencia.

Zulema   Pues qué, ¿reñidos están?

Lidora   Tuvieron cierta pendencia;
    mas el enojo destierra,
y vuelva a casa Argolán.

Rey   Todo en tu gusto se encierra.

Zulema   Vengan, y conocerán
los cautivos de su tierra.

Rey   Váyanle luego a buscar.

Zulema   Yo propio merezco ir.

Lidora

Más me quieres obligar.

Zulema

Solo os procuro servir.

(Vase.)

Lidora

Y yo os lo sabré pagar.

Rey

    Porque puedas fácilmente
mejor, Lidora, informarte
de quién es aquesta gente,
quiero con ella dejarte.

(Vase.)

Lidora

El cielo tu vida aumente.
    ¿Qué tenéis? ¿De qué lloráis?
Mirad que no conocéis
en cuyo poder estáis;
que aunque cautivos os veis,
me pena que os aflijáis:
    mostrad esa bella cara.

Marcela

¡Ay, noble y hermosa mora!
Mi desdicha no repara
en ser yo cautiva ahora,
sino en que fortuna avara
    con aquel honrado viejo
haya sido tan cruel;
que es tal su aspecto y consejo,
que puede mirarse en él
el mundo como en espejo.
    Que te sirva yo no importa;
que bien lo sabré sufrir

si tu enojo se reporta;
pero ¿en qué te ha de servir
quien tiene vida tan corta?
     ¿Cómo, señora, podrá
servir a tus pies rendido;
ni qué gusto te dará
aquel que de ser servido
tan necesitado está?
     Si algún disgusto te diere
(que el darlo será muy cierto
con la mucha edad que tiene),
venga en mí su desconcierto
al doble que mereciere.
     No ejecutes tu desdén
aunque mi padre te aflija;
hazme, señora, este bien;
pague, señora, su hija,
que lo llevará más bien.

Lidora   Deja los tristes enojos,
pon a la tristeza calma,
enjuga los tristes ojos;
que se me llevan el alma
aquellos blancos despojos.
     ¿Cómo te llamas?

Marcela   Marcela.

Lidora   Pues Marcela, no te aflija,
ni el ver cautivo te duela
a tu padre, que otra hija
ha ya cobrado.

Marcela   Consuela

tu lengua mi corazón.

Lidora   Dame, buen viejo, los brazos.

Gerardo   Que me deis será razón,
                 vos los pies.

Lidora   Estos abrazos
                 confirman nuestra afición:
                   apretad los brazos más;
                 que el corazón me consuela
                 este abrazo que me das:
                 ruégaselo tú, Marcela,
                 pues que más con él podrás;
                   y en este punto diré,
                 aunque todo Túnez ladre,
                 que con mi padre encontré:
                 ¿gustaréis de ser mi padre?

Gerardo   Y vuestro esclavo seré.

Lidora   Pues enjugad esas canas,
                 y en presencia de los moros
                 disimulad.

Marcela   Mucho allanas
                 con tu valor.

Lidora   Cesen lloros;
                 que somos, Marcela, hermanas.

Tizón   Y a mí, ¿qué papel me dan
                 para cuando estemos solos?

Marcela	Calla, Tizón.

Tizón	Callarán, pues nos va bien con los bolos.

(Sale Zulema.)

Zulema	A la puerta está Argolán.

Lidora	Pues dile que entre al momento: icielos santos, qué incentivo, dentro de mi pecho siento: que en ver a aquestos cautivos todo el corazón reviento!

(Sale Leonido.)

Leonido	Aunque de enojo rabiando contra este Rey arrojado, en oyendo tu mandado vine al punto.

Lidora	Voy buscando, valiente Argolán, tu gusto.

Tizón	Escucha, Marcela, aquí: ¿No es éste tu hermano?

Marcela	Sí.

Leonido	Agradecértelo es justo.

Marcela	¿Qué es esto, cielo supremo, que tan desgraciada he sido

que a tu poder he venido?

Tizón   Alguna desdicha temo:
                 disimula.

Lidora   En esta hora
               estos cautivos me dan,
               y he de mostrar, Argolán,
               lo que mi pecho te adora.
                 Todos me sirven a mí,
               y porque veas mi celo,
               ellos y yo, sin recelo,
               hemos de servirte a ti.

Leonido   ¿Qué es esto, santo Profeta?

Gerardo   Dad las plantas a este viejo,
               que por faltarle consejo,
               a besarlas se sujeta.

Lidora   ¡Plegue a Alá que no se inquiete!

Leonido   Buena ocasión se me ofrece.

Lidora   ¿Qué mucho, si lo merece,
               que a besarlas se sujete?

Leonido   De muy poco os espantáis,
               y porque no os ofendáis,
               yo os pondré do merecéis;
               que a mis pies honrado estáis.
                 Conoceréis que mi celo
               mucho al vuestro se aventaja.
               porque cuanto el cielo os baja,

tanto a mí me sube el cielo.
    ¿Vos a mis pies, viejo ingrato?
A cólera me provoca;
no merece vuestra boca
ni llegar a mi zapato.
    Levantad; que habéis mostrado,
viejo, ser muy atrevido,
pues valor habéis tenido
de llegar do habéis llegado.
    Ya que a mis pies os pusisteis,
debajo dellos es justo
que os veáis hoy por mi gusto,
pues tan atrevido fuisteis.
    Hoy vuestra arrogancia loca,
viejo vil, castigaré,
poniendo mi altivo pie
sobre vuestra infame boca.
Pónele el pie en la boca.
    Y con esto se concluya
vuestra muy grande insolencia,
que quien no tiene vergüenza,
dice que la tierra es suya.
    Levantad.
Dale con el pie.

Gerardo   ¡Divino cielo!

Tizón   ¡El puto que se arrodille!

Gerardo   ¡Que así un buen padre se humille
a un mal hijo!

Lidora   De ese suelo
levantad, padre, al instante,

y en vuestras manos protesto
que me pesa haberos puesto
en las de aqueste arrogante.

Gerardo   ¡Oh, mal hijo!

Leonido   ¡Razón loca!
¿Yo tu hijo? ¡Linda traza!
Haré echarle una mordaza
si hijo me nombra su boca.

Zarrabullí   ¿Qué digo? Señor Tizón,
acá estamos. ¿Con quién hablo?

Tizón   Cuerpo de Dios, con el diablo,
¡miren qué linda razón!

Zarrabullí   Mirar muy bien lo que habrá,
que ha de comer alcuzcú.

Tizón   ¡Que le coma Belcebú!
Comiera aunque fuera cabra.

(Aparte.)

Zarrabullí   Venir conmigo, e yo hacer
lo que ver vos.

Tizón   Allá voy,
porque tan hambriento estoy,
que al moro me he de comer.

(Vase.)

Lidora	Del enojo que te he dado
	perdona; que más me aflijo,
	de ver que, siendo tu hijo,
	tan vilmente te ha tratado.

| Leonido | ¿Conócesme tú? |

Marcela	Quisiera,
	infame, no conocerte,
	y antes de venir a verte,
	que a mí la muerte me diera.
	¿Tú en este traje, villano?

Leonido	Sí, porque con este traje
	doy afrenta a mi linaje
	y a todo nombre cristiano;
	y aquese caduco viejo,
	a quien mi lengua solía
	llamarle padre algún día
	(de quien ahora me quejo),
	en este traje que ves
	y con tu lengua profanas,
	pondré las infames canas
	mil veces bajo mis pies;
	que se echa claro de ver
	que ya de vosotros toma
	justa venganza Mahoma,
	pues os pone en mi poder.
	Y tú, que tan atrevida
	allá mostraste disgusto,
	aquí seguirás mi gusto,
	o pondré fin a tu vida.
	Aquí no tendrás amparos,
	pues tu fortuna te humilla.

Lidora   Sentaos, padre, en esta silla;
                        que me enternece miraros.

Marcela   Moro, deja esa intención,
                        porque no me has de vencer.

Leonido   ¡Quién te pudiera poner
                        en medio del corazón!
                          Marcela, yo he gozar
                        de tus brazos.

Marcela   Serán lazos
                        para ahogarte.

Lidora   En estos brazos
                        puedes, señor, descansar.

Gerardo   Dame a besar esos pies.

Lidora   Haz treguas, cese el regar
                        con llanto, las blancas canas.

Gerardo   Todo mi disgusto allanas.

(Siéntase en la silla.)

Leonido   No tienes que porfiar;
                          que dueño llego a ser hoy
                        de tu hermosura, Marcela,
                        porque me sirve de espuela
                        el afrenta que te doy.

Marcela   Mira que te mira Dios,

y que tu padre te mira.

Leonido
Podrá, Marcela, mi ira
satisfacer a los dos:
   a Dios, porque le ofendí,
me lo pida junto todo;
y a mi padre, de este modo.

(Saca la daga.)

Marcela
¡Tente, soberbio! ¡Ay de mí!

Leonido
   Viejo, mi gusto estorbáis
tan solo porque lo veis,
y porque no lo estorbéis,
haré que no lo veáis.
   Esta daga vuestros ojos
punzará.

(Dale con la daga en los ojos, y llevará Gerardo un lienzo con sangre.)

Marcela
                    Tenle, Lidora.

Leonido
Pues no lo verás; ahora
podrán cesar mis enojos.

Lidora
   ¿En qué Libia te has criado,
Hircano tigre, o qué fiera
te dio la leche primera?

Leonido
Aún no estoy desagraviado;
   que no puede mi rigor
sufrir tanto desdén junto;
ahora ha llegado el punto

de conocerlo mejor.
    Humillad, viejo labrador,
a mi alfanje la cerviz,
que tenéis suerte infeliz,
pues hoy con fiero rigor
    la muerte os he de dar yo,
pues vuestra hija atrevida
quiere que os quite la vida
con el rigor que mostró.
    Marcela, alto: a consentir
en mi gusto, o ver la muerte
de este viejo.

Marcela   ¡Acerba suerte!
¿Qué mal me puede venir
mayor? ¿Puédese sufrir
que me deshonre un infame,
y que la sangre derrame
del padre que me engendró?

Gerardo   Mejor es que muera yo,
que no su amiga te llame.
    Cierra los ojos al vicio,
y este caso no te tuerza;
déjale que su vil fuerza
ejecute el sacrificio;
que será mejor servicio
al cielo, que está presente,
que padezca un inocente
esta muerte apresurada,
que no verte a ti manchada
con acción tan insolente.

Leonido   ¿Qué respondes?

Marcela   Que le des.

Leonido   Pues ya le doy.

Marcela   ¡Tente, aguarda!

Gerardo   Ea, hija, ¿qué te acobarda?

Leonido   ¡Ha de morir!

Marcela   Muera, pues;
mas no muera.

Leonido   Descortés
eres, infame, a mi gusto.

Marcela   Que muera y no muera gusto.

Leonido   Eso no tiene lugar.

Marcela   Pues si muerte le has de dar,
que yo no lo vea es justo;
    los ojos cubrirme quiero.

(Cúbrese.)

Leonido   Ya le doy.

Marcela   ¿Que ya le das?

Leonido   Sí, pues tan cruel estás.

Marcela   Dale, lobo carnicero,

degüella el manso cordero,
que en tus acciones registro,
y tu gusto no administro
por ser de vil interés,
un sacrificio al revés
en la causa y el ministro.

Leonido   Acaba de resumir
lo que has de hacer.

Gerardo   ¡Oh, Marcela!
¿Qué cuidado te desvela,
hija, de verme morir?
No lo quieras diferir:
declara tu voluntad:
no te ciegue la lealtad
que es justo tenerme a mí;
que en no decir luego sí,
pones duda en tu verdad.

Marcela   Pues no quiero, que haya duda,
sino que, patente el mundo,
entienda que no hay segundo
a mi valor. ¿De qué duda
tu infame pecho? Sacuda
el golpe sin embarazo.

Leonido   Pues ya se ha llegado el plazo;
ejecuto mi rigor.

Marcela   ¡Favor, Supremo Hacedor!

Lidora   ¡Detén, Argolán, el brazo!

(Detiene Lidora a Argolán.)

Leonido

¡A detenerme has venido,
perra! Por el Alcorán,
que ha de abrasar Argolán
a ti y al viejo atrevido
y aun el infernal bramido
has de temblar de mi furia,
pues tu presencia me injuria,
cuando con soberbio bando
venga a Túnez abrasando
por vengarme de esta injuria.

(Vase.)

Lidora

¡Favor, moros! ¿No hay alguno
que venga a favorecerme?

(Sale Zulema.)

Zulema

Al mundo pienso oponerme
por ti, aunque soy solo uno.

(Salen el Rey y Tizón.)

Rey

¿Quién, Lidora, fue importuno
a tu gusto? ¿Quién te dio
disgusto? ¿Quién se atrevió
de los que en el mundo están?

Lidora

El infame de Argolán
con guerra me amenazó:
dijo que bien se me acuerde,
que a componer va una escuadra.

| Rey | Calla, que perro que ladra. |
| | Lidora, muy poco muerde. |

| Tizón | De esta vez mi amo se pierde. |

| Rey | Poco tiene que perder, |
| | según su vil proceder. |

Tizón	En este punto le dan,
	al que prendiera a Argolán,
	a Lidora por mujer.

(Vase.)

| Rey | Desde hoy por mí se te ofrece, |
| | pues lo merece mi fe. |

(Vase.)

| Zulema | De Lidora gozaré, |
| | pues mi valor lo merece. |

(Vase.)

Lidora	Buena ocasión se me ofrece,
	pues que la gente se fue:
	venid, padre, y vos, hermana,
	que pues el cielo os guardó,
	he de regalaros yo.

| Gerardo | Contigo mi bien se allana. |

| Lidora | De mi condición extraña |

                    podéis fiar.

Gerardo   Bien mostraste
                    lo mucho que me estimaste,
                    pues con tu vista gallarda,
                    siendo el Ángel de la Guarda,
                    hoy a guardarme llegaste.

(Vanse.)

(Salen Tizón, y Zarrabullí con alforjas, y ha de llevar un saquillo con higos, otro con pasas, otro con arroz, y un poco de carne.)

Zarrabullí   Si tú hacer lo que me ofreces,
                    yo traer muy bien qué comer.

Tizón   Si quieres a Mahoma ver,
                    te lo mostraré mil veces.
                       La Gramática, en mi tierra,
                    catorce años estudié,
                    y muy bien a musa sé,
                    porque solo aquesto encierra
                       hoy su ciencia mi capricho,
                    y haré que lo puedas ver.

Zarrabullí   Pues yo buscar qué comer.

Tizón   Zarrabullí, ya te he dicho
                       que comer es desatino
                    higos sin pan.

Zarrabullí   Ya traerán.

Tizón   Venga abundancia de pan,

supuesto que falta vino.

Zarrabullí   Yo voy por pan, pues te agrada.

(Vase.)

Tizón   Y ¿a quién no puede agradar?
                  ¡Vive Dios, que le he de dar
                  al perro burla extremada!
                      Veré lo que trae aquí
                  en esta alforja el cuitado:
                  con un saquillo he encontrado;
                  higos son. ¿Higos a mí?
                      Me dan enfado, ¡por Dios!
                  Y aquí, para la memoria,
                  pasas: mala pepitoria.
                  Y ¿qué habrá en estotro? Arroz:
                      algún Lucifer lo abra.
                  Otro envoltorio está acá:
                  veamos lo que será:
                  ¡Por Dios, que es carne de cabra!
                  Y ¿asada está? Mal agüero;
                  ¿carne asada he de comer?
                  Pero ¿qué tengo de hacer,
                  supuesto que no hay carnero?
                      Mal en mi estómago forja
                  cabra asada. ¿Qué haré?
                  Que si me destemplo, a fe
                  que ha de ser dentro la alforja:
                      disimulemos, que viene.

(Sale Zarrabullí con pan.)

Zarrabullí   ¿En qué diablo haber pensado

que todo lo haber sacado?

Tizón
Moro honrado, así conviene;
  y ahora, mientras yo como,
para que me des contento,
has de decir al momento
quién era tu madre, y cómo
  en este mundo te echó;
que si mi ciencia no yerra,
sospecho que alguna perra
la primer leche te dio.

Zarrabullí
  Yo, Tizón, ser africano,
y ser nacido en Tripol.

Tizón
Bueno vas.

Zarrabullí
    Adorar Sol,
como señor soberano;
  tener mi padre Argolante
con mi madre, que ser mora,
a quien belleza atesora
con gran extremo.

Tizón
      Adelante.

Zarrabullí
  Después que estar ya casada,
puedes, cristiano, creer
que, como al fin ser mujer,
hacerse luego preñada.
  Venir a servir al Rey
mi padre, que te prometo
ser hombre de buen respeto
y moro de buena ley;

pero tener mala suerte,
que con ser hombre de hazañas,
un día, jugando a cañas,
un caballero dar muerte.
    De la alteración murió
mi madre, y el mesmo día,
con una grande agonía,
a mí en el mundo me echó.
    Morir ella, al fin, de parto,
y perra que criar perrico,
dar leche a mí cuando chico.

Tizón   A fe que me esfuerzo harto
                        por darle fin al panote.

Zarrabullí   Morir mi madre Pompeya,
                     y quedar yo con plebeya
                     gente, desnudo y pobrete,
                        aquí en servicio del Rey:
                     ya no saber decir más.

Tizón   Basta: a Mahoma verás,
                     porque eres moro de ley;
                        verás, valiente corsario:
                     los relieves que han quedado
                     he de poner en recado
                     por si fuera necesario.
                        Tú te has de poner aquí,
                     con los dos brazos cruzados
                     y con los ojos cerrados,
                     y estarás diciendo así:
                        «Ardúa, Mahoma, ardúa,
                     más que agua tiene el Po,
                     que ardúa quisiera yo,

y para tú moscardúa.»
    Diciendo esto, arriba mira,
y luego a Mahoma verás:
Zarrabullí, ¿quieres más?

Zarrabullí   Solo que no ser mentira.

Tizón   ¿Mentira yo? Parto listo;
que el negocio es harto grave.
Andando yo en una nave,
hacer esta burla he visto.

(Vase.)

Zarrabullí   ¡Qué contento ser, señor,
si a Mahoma santo ver!
Nunca pensar merecer
tan soberano favor.
    Ardúa, santo Mahoma,
tanto como el río Po:
¿Sí responde? Pero no,
que no parece ni asoma.
    Ardúa: aquí se derriba
todo el palacio de Meca,
y aquí siciliano peca
sin ver a Mahoma arriba.

(Pone Tizón un cuero hinchado, y dice arriba:)

Tizón   Ya estoy puesto en alta proa;
alza los ojos y mira.

Zarrabullí   Que castigar siciliano;
    hacer el Rey que encerrado

estar continua mazmorra.

Tizón   Pues ¿de qué te alteras, zorra?
que la verdad te he contado:
 ¿No advierte que es majadero,
pues tan a pecho lo toma?
Porque en su tiempo, Mahoma
de solo vino fue arriero.

(Arrójasele.)

Zarrabullí   Yo os haré bien castigar
porque ser tan atrevido.

Tizón   La burla pesada ha sido,
mas yo la habré de pagar.

Fin de la segunda jornada

Jornada tercera

(Salen el Rey y Zulema.)

Rey

       Aquí, arrojado del viento,
en una barquilla pobre
dicen que aportó.

Zulema

          Contento
tengo, que pesar le sobre
a quien le falta el talento:
   ¡Bárbaro vil, que pudiera
ser regalado y servido!

(Sale Leonido muy furioso, y Cristo responde a los ecos.)

Leonido   Ingrato cielo, ¿qué muralla?

Cristo   Halla.

Leonido   Ni qué defensa un desdichado.

Cristo   Echado.

Leonido   Cuyo deleite hoy consagrado.

Cristo   Agrado.

Leonido   ¿Una cruel sin afrentalla?

Cristo   Halla.

Leonido   Y pretendiendo deshonralla.

Cristo   Honralla.

Leonido   Y aunque del mar tan afanado.

Cristo   A nado.

Leonido   He de volver al regalado.

Cristo   Ado.

Leonido   Por defender a quien me acalla.

Cristo   Calla.

Leonido   ¿Quién tal me diga? ¿El mundo tiene?

Cristo   Tiene.
                 ¿Alguna lengua desfrenada?

Cristo   Nada.

Leonido   Sal, que mi rabia desespera.

Cristo   Espera.

Leonido   ¡Qué, por el cielo santo!
                 que si viniese aquí, sea quien fuera,
                 con una bofetada
                 he de obligarle que a mis plantas muera.

(Sale Cristo de pastor, descalzo, ensangrentados los pies. Con un zurrón que
llevará lo que se dice adelante.)

Cristo   En busca de una oveja

vengo, que sin mirar cuánto me debe,
de mi aprisco se aleja.
Amor es grande que mi pecho mueve;
que me costó la vida,
y dame gran dolor verla perdida.
    ¡Ingratos hombres! ¿Cómo
así dejáis mi ley por vuestro gusto?
Pues a mi cuenta tomo
premiaros siempre más de lo que es justo,
y veis que mi contento
le tengo siempre en dar por uno ciento:
    Decid, inadvertidos,
¿por qué atendéis tan poco a lo que importa?
Pues veis que los sentidos,
la hacienda y el vivir, todo lo acorta,
y la mayor fortuna,
que al viento va, la tumba de la Luna.
    Tened, tened la rienda;
que en el juego del mundo hay mil azares,
y es justo que se entienda
que paga leves gustos con pesares;
y el Cielo, a breves penas
da siempre gloria eterna a manos llenas.
    Venid, ovejas mías,
mirad vuestro pastor, que al Sol y al frío
las noches y los días,
con la cabeza llena de rocío,
os busca y os convida
con paz eterna y con eterna vida.
    Sacad del duro pecho
algún balido, que en el mismo instante,
en firme amor deshecho,
el favor hallaréis en mí bastante;
que el darlo es ordinario,

pues soy propio pastor, no mercenario.

Leonido
    ¿Eres, villano, a suerte,
aquel que respondió cuando yo hablaba?

Cristo
Yo soy el que a la muerte
me igualo en fuerzas.

Leonido
Pues responde, acaba,
¿dónde vas tan llagado,
de la planta al cabello ensangrentado?

Cristo
    En busca de una oveja
vengo, como me ves, pisando abrojos;
que la triste se aleja
de mi aprisco, por solo darme enojos;
y es tal su daño horrendo,
que yo la busco, y ella me va huyendo.

Leonido
    Pues ¿una oveja tanto
te importa a ti, pastor? Deja que muera.

Cristo
¡Que tal digas me espanto!
Si me costó la vida, bueno fuera
dejarla de esa suerte
donde un lobo voraz le diera muerte.

Leonido
    Por dicha, ¿la has llamado?

Cristo
Mil veces han tocado a sus orejas
las voces que le he dado.

Leonido
Y ¿no responde?

Cristo   Aquesas son mis quejas.

Leonido   Dejadla por perdida.

Cristo   ¡Ay, que me cuesta mucha sangre y vida!
                    Por los daños que ha hecho,
                 merece que un dragón fiero la trague,
                 y su lascivo pecho
                 a mí los dejo todos que los pague;
                 y mi amor se revuelve,
                 que muera si a mi aprisco no se vuelve.

Leonido   Eres tú un ignorante;
                 que si esa oveja que pintaste, fuera
                 con vida semejante,
                 y por desgracia mía la tuviera,
                 luego que la encontrara,
                 en manos de mil fieras la entregara.

Cristo   ¡Ay, hombre, qué engañado
                 vives; mira por ti, que esa sentencia
                 que en mi presencia has dado,
                 será al fin quien te tome residencia;
                 y pues a Dios no quieres
                 volverte, morirás!

(Hace como que se va.)

Leonido   Tente; ¿quién eres,
                    que muestras tal ultraje
                 de mí? ¿Quién eres, que me enoja el verte?

Cristo   El que tomó este traje
                 para satisfacer lo que se arroja

tu condición dañada:
débesme mucho y no me pagas nada.

Leonido   A furia me provoco
de solo haberte oído que te debo;
mas déjote por loco,
y a sufrir tus locuras me conmuevo.
¡Mirad qué Marco Craso,
para poder debelle hacienda acaso,
   siendo un descalzo triste,
de andar entre las zarzas lastimado!

Cristo   Pues en eso consiste
lo que me debes, y por ti he pagado
que la vida me debes
y me la has de pagar.

Leonido   Necio, no pruebes
mi furia e impaciencia:
vete, villano, porque yo me espanto
que mi corta paciencia
haya podido ya sufrirte tanto.

Cristo   Harto más he sufrido
yo por tu amor, y mal agradecido.

Leonido   Vete, loco inocente,
y no me enojes más, que si me enojas,
te pesará.

Cristo   Detente;
y pues de aquí con tal desdén me arrojas,
y me tienes en poco,
aquí me has de pagar.

Leonido   ¡Gracioso loco!

Cristo   En este zurrón pobre
              está lo que me debes; considera
              si es justo que lo cobre,
              pues lo pagué por ti.

Leonido   Verélo, espera;
              pero de paso advierte
              que si me burlas te daré la muerte;
                mas porque no te ausentes
              mientras en ver lo que es yo me embarazo,
              y burlarme no intentes,
              te quiero ata, pastor.

(Hace como que le ata.)

Cristo   Con otro lazo
              mayor estoy atado.

Leonido   Muestra el pobre zurrón: ¡oh, qué pesado!

Cristo   Si de solo tocarlo
              pesa tanto a quien hoy por ti lo lleva.
              ¿qué, pesará?

(Vase.)

Leonido   Mirarlo
              quiero, pastor, y hacer luego la prueba
              si es lo, que dices llano,
              y si mientes, tu muerte está en mi mano.

(Éntrase Cristo, y Leonido saca lo que hay en el zurrón.)

Leonido

    Algún tesoro escondido
sin duda debe llevar
en este zurrón metido,
y él se me quiere escapar
con aquel modo fingido;
    Pero en breve hará mi mano
aquí el tesoro muy llano;
que todo lo pienso ver,
si ya no viniera a ser
otro caballo Troyano.
    Pero que no lo seréis,
Zurrón, de ninguna suerte,
está cierto, aunque encerréis
traición; que es muralla fuerte
esta que encontrada habéis;
    y así, vuestras invenciones,
trazas embustes, traiciones.
por inútiles condeno,
aunque traigáis en el seno
metidos diez mil doblones.
    Buena es la suerte primera,
pues he hallado una corona,
y a muy buen tiempo viniera
para adornar mi persona,
si de todo el mundo fuera.
    Pero aunque fuera del mundo,
ya su estimación no fundo;
que era hacer un desatino,
siendo premio tan indino
a mi valor sin segundo.
    Y estos viles aparatos,
como de burlas resisto,

siendo indignos de mis tratos:
vaya, los estime Cristo
allá en casa de Pilatos,
    que tuvo por grande hazaña
ver que la judaica saña
honrase sus sienes dinas
con la corona de espinas
y con el cetro de caña.
    Mas pasemos adelante,
puesto que mi furia aplaco
por este pequeño instante,
para vaciar este saco
de aquel pobrete ignorante,
    ¡Linda joya, por mi fe,
pues una túnica hallé,
y tras ella unos azotes:
parece que me da motes!
¿Azotes yo? ¿Para qué?
    ¿A mí túnica? ¿Soy loco,
o por dicha galeote,
pues me estiman en tan poco,
que me muestran el azote?
A cólera me provoco.
    Veamos qué queda acá:
una soga, bueno está:
esta obligación os debo;
vos la pagaréis, mancebo,
como luego se verá.
    Todo lo que hay he sacado,
y no hallo relación
de lo que me habéis cargado,
porque estos vestidos son
de un hombre crucificado.
    Miremos si algo se queda:

una cruz, para que pueda
decir con fiero rigor
que burló de mi valor
un manso en esta arboleda.
   ¿Así burlar mis intentos
vuestra malicia quería
con tan varios instrumentos?
Allá, al Hijo de María,
que sabe de estos tormentos;
   que a mí no se me ha de dar
burla de tanto pesar.
Y para que no os burléis
otra vez, lo pagaréis
en este mismo lugar.
   ¡Infame! ¿De esta manera
pensasteis burlarme vos?
Veréis mi venganza fiera;
   que aunque fuera el mismo Dios,
sin castigo no se fuera,
   que le diera mi semblante
mil muertes.

(Descúbrese un crucifijo, y dice, puesto a las espaldas, Cristo:)

Cristo   Tente, arrogante.

Leonido   ¿Qué es esto, divino Alá?

Cristo   No te espantes.

Leonido   ¿Quién será
el que ahora no se espante?

(Cae en tierra Leonido.)

Cristo   Levanta y oye, Leonido,
si ya tu vida malvada
no te limita las fuerzas;
que suele el vicio agotarlas.
Ya, Leonido, llegó el tiempo
en que al justo satisfagas
lo mucho que has mal llevado,
haciéndome tu fianza,
considera que has usado
mal de mis mercedes santas,
porque a mercedes de Dios,
pecados no es buena paga.
Mira mi cuerpo, y verás
sí he pagado por tu causa
las maldades que mil veces
me dijiste que pagara.
A un sacerdote le diste
un bofetón, y en mi cara
sonó el golpe; que son Cristos,
como la Iglesia lo canta.
Son mis espejos, y tú,
con mano descomulgada,
romper quisiste el espejo
a donde Dios se miraba.
Muchas doncellas ilustres,
nobles, prudentes y sabias,
por ti dejaron de serlo;
mira qué pesada carga.
A muchos has deshonrado,
que de honrados se preciaban,
solo por echar mi honra,
como la echaste, en las plazas.
Mira a Gerardo, tu padre,

las injurias, las infamias
que usaste, fiero y cruel,
con aquellas nobles cañas.
Mira estas manos, Leonido,
con dos clavos taladradas,
y mira luego las tuyas
de tu buen padre en la cara.
Mira mi pecho también,
pasado con una lanza,
y mira el tuyo ocupado
en deshonrar a tu hermana.
Dime ¿qué aguardas, Leonido?
Dime, Leonido, ¿qué aguardas?
Y ¿con qué piensas pagar
lo que mis, deudas te alcanzan?
Hoy, Leonido, he de cobrar
las honras, las bofetadas,
las afrentas, los insultos
que cargaste en mis espaldas.
Todas las pagué por ti;
mas hoy pretendo cobrarlas;
que es ya tiempo que se vea
satisfecha la fianza.

Leonido

Confieso, divino Dios,
que son mis maldades tantas,
que será imposible cosa
que al justo las satisfaga.
Confiésoos por Dios eterno,
cuya bondad soberana,
si bien en personas trina,
es una esencia sagrada.
Confiésoos sacramentado,
y que me pesa en el alma,

por ser quien sois sin mirar
otro castigo ni paga.
Propongo de no pecar
y apartar con eficacia,
Señor, de vuestras ofensas,
las ocasionen que dañan.
De confesarme propongo
si hay con quién, y si no, valga
esta confesión que hago
humillado a vuestras plantas.
Vos sois sumo sacerdote,
y así, mis culpas aguardan
absolución, pues la lengua
todos mis vicios declara.
A mis contrarios perdono,
y mi vida, aunque tan mala,
en satisfacción ofrezco,
si es satisfacción que basta.
Como os lo pido, Señor,
confío que esas entrañas
me otorgarán el perdón,
a quien se sigue la gracia,
porque muriendo con ella,
merezca, Señor, mi alma
gozar de vuestra presencia
en las celestiales salas.

Cristo   Aun tienes buena ocasión,
Leonido; el vicio despide,
porque jamás a quien pide
supe negar el perdón.
Procura de refrenar
el desbocado caballo
del vicio; que en refrenallo

está tu gusto o pesar,
si gusto has de conseguir,
pon rienda de modo al gozo,
que no te engañe el ser mozo,
porque es incierto el vivir.
   Aquí estoy; el mundo entienda
que en la cruz se ven mis brazos
para dar de padre abrazos
al pecador que se enmienda:
   mira lo que por ti hago:
vida y sangre derramé.

Leonido   La vida y sangre daré
si con vida y sangre pago:
   yo ofrezco desde este día
verterla toda por vos;
pero la sangre de Dios
no se paga con la mía.
   De verterla tengo gusto
para empezar a pagaros,
pero no podré dejaros
satisfecho todo al justo,
   porque en paga por Dios hecha,
por mucho que me despeje,
es imposible que deje
la fianza satisfecha.
   Pero, soberano Dios,
para tal obligación,
haced en mí ejecución,
que todo me entrego a vos.
   Y aunque mi inicua conciencia
merece castigo fiero,
de vuestro aspecto severo,
apelo a vuestra clemencia.

Cristo

    Si lo cumplieres así,
mi auxilio no faltará;
ea, Leonido, basta ya;
quédate, y mira por ti.

(Córrese la cortina.)

Leonido

    ¿Quédate, y mira por ti?
Con tal extremo será,
Señor, que el mundo podrá
Tomar ejemplo de mí.
    Vaya fuera el alfanje que he ceñido,
la manga y capellar vayan afuera;
el turbante también; que me ha tenido
el sentido burlado en la carrera
del inmenso Señor que me ha sufrido
lo que, a no ser un Dios, jamás sufriera;
que es justo conocer que está a mi cargo
larga cuenta que dar de tiempo largo.
    ¿Qué cuenta podrá dar quien tan sin cuenta
ha vivido muriendo tiempo tanto,
llevando por blasón hacer afrenta
al que es entre los santos el más santo,
sin mirar que las culpas siempre cuenta
el Rey que reina en el eterno llanto?
Y, en fin, ha de llegar el peligroso
tránsito breve y término forzoso.
    Venid, túnica; vos seréis marlota
y defensa del cuerpo más enorme
que el mundo todo vio, cuya derrota
a la divina ley fue desconforme;
servidme, pues, desde hoy de fuerte cota,
para que así mi vida se reforme;

que espero, sin tener algún descargo,
terrible tribunal y juicio largo.

   Y vos, corona, traspasad mis sienes,
trayendo a la memoria mis maldades,
por cuya causa los celestes bienes
de mí se ausentan; y en mis mocedades
dadme valor, que expíe los vaivenes
de mi torpe vivir y ceguedades;
y el tiempo del juicio es temeroso,
aun a los mismos santos espantoso.

   Pues si a los santos, que con vida santa,
al que vida les dio siempre han servido,
y el pensar en la cuenta les espanta
de tal modo, que pierden el sentido,
a quien así en maldades se adelanta,
quien tanto y tan sin orden ha vivido,
¿dónde vendrá a parar, siendo en su cargo
muchas las culpas, débil el descargo?

   Salid aprisa, lágrimas, del pecho;
que ya los ojos prestan franca puerta,
hasta tanto salid que esté deshecho,
y su dureza en cera se convierta.
Salid, que es el salir de gran provecho;
no aguardéis a salir, que es cosa cierta,
en el trance final, aunque es piadoso,
recto el Juez, y entonces riguroso.

   Salga el infierno todo y sus secuaces,
y así de sogas me prevengo luego.
Vos, soga, me honraréis; que estos disfraces
le causan a Luzbel desasosiego,
por ver que con mi Dios quiero hacer palces
lo que hasta conseguirlo, no sosiego,
y no esperar con un regalo tierno
punto en que va a gozar de Dios eterno.

Y vos, divina cruz, en quien la vida
perdió la vida por el hombre humano,
a mi pecho iréis continuo unida,
porque con vos el paso tengo llano.
Si me servís de escudo, la subida
del cielo tengo cierta; que en mi mano
me deja Dios el gozo sempiterno,
o penar para siempre en el infierno.

(Salen el Rey y Zulema.)

Zulema
    Detén el paso; que si mal no escucho,
ya la voz de Argolán he conocido,
y con mil dudas temeroso lucho,
según de las que he entendido.

Rey
No tienes que dudar, porque no es mucho
que haya vuelto a su ley el fementido,
pues sabes, gran Zulema, y es muy llano,
que nunca fue buen moro el mal cristiano.
    Si mientras de su Dios la ley seguía,
jamás, como era justo, la guardaba;
¿de qué te espantas, di, que en este día
el engaño le lleve en que pensaba,
busque el pesar y deje la alegría
con que en Túnez el tiempo le gustaba;
que el que ofender su Dios a cargo toma,
también querrá ofender al gran Mahoma.

Zulema
    Sin duda que es verdad nuestra sospecha,
que arrodillado allí, si mal no veo,
está; pero ya sabes, no aprovecha
contra su furia riguroso empleo.

Rey	Muestra al llegar valor, y con deshecha,

cógele de las sogas.

Zulema	El trofeo

mayor que hombre ganó tengo en mi mano,
si con ellas hoy prendo a este cristiano.

Leonido	Llegad, llegad, ministros del infierno;

llegad, feroces lobos, a esta oveja,
que por haber vivido sin gobierno,
a voces de mí mismo formo queja.
Llegad, pues que lo quiere el sempiterno,
que en mis manos mi gloria o pena deja,
y os hace en mi mudanza ser registros,
siendo de su furia los ministros.
    Llegad, y no temáis; que ya Leonido
no es aquel que otro tiempo en este puesto
aniquiló, furioso y atrevido,
de vuestra fuerte escuadra todo el resto.
Llegad, moros, llegad, porque vencido,
y a no volver furioso está dispuesto;
que aquel león que visteis tan severo,
hoy le tenéis aquí manso cordero.

Zulema	¿Si podremos llegar, o si éste ordena

contra nuestro valor fieras traiciones,
y siendo de este mar cruel sirena,
nos quiere atraer así los corazones?
¿Si es por dicha en la voz feroz hiena,
y con estas astutas invenciones,
que lleguemos procura, y en llegando,
su furia ejercerá como otro Orlando?

Leonido	No temas, gran Zulema: llega, toma

la soga que en mi cuello ves pendiente;
que si servir pretendes a Mahoma,
así le sirves tú, y yo al inocente
cordero que nació de la paloma
limpia a quien ofendí.

Rey	Zulema, tente;
que mostrar mi valor y esfuerzo quiero,
prendiendo a este furioso carnicero.
Ya le tengo.

(Cógele de la soga.)

Zulema	Buen lance hemos echado.

Rey	A Túnez le llevemos.

Leonido	Eso estimo:
con vuestra cruz, mi Cristo, voy cargado
a imitar vuestros pasos hoy me animo;
atinque mis culpas son en tanto grado,
que de solo pensarlo desanimo,
y llevarlas no puedo; mas yo creo
que seréis en mi ayuda Cirineo.

(Vanse.)

(Salen Lidora y Tizón, y llevan un Niño Jesús.)

Lidora	Prosígueme la lección
de ayer tarde, porque quiero,
pues solos ahora estamos,
aprovecharme del tiempo.

Tizón

Ya los Artículos sabes,
el Padre nuestro y el Credo,
también el Ave María.

Lidora

Todo eso lo sé, y lo creo.

Tizón

Pues oye, escucha, señora;
te enseñaré los preceptos
que, para gozar su vista,
nos manda Dios que guardemos.

Lidora

¿Cuántos son?

Tizón

                    No más de diez.

Lidora

Qué, ¿en solos diez Mandamientos,
consiste la salvación
de un cristiano?

Tizón

                        En solos esos.

Lidora

Pues di presto cuáles son;
pero escúchame primero.
Vuélveme a decir el cómo
murió, siendo Dios inmenso,
porque así se contradice,
que no puede en un sujeto
haber mortal e inmortal,
haber temporal y eterno.

Tizón

Dices muy bien; pero mira:
por el pecado primero
que contra Dios cometió
Adán, la fruta comiendo,

quedamos sus descendientes
condenados al infierno,
sin esperanzas que el mundo,
pudiera darnos remedio;
porque como era el delito
hecho contra Dios inmenso,
otro inmenso solamente
bastaba a satisfacerlo.
Esto acá no era posible;
y así el sacrosanto Verbo,
de amor del hombre movido,
quiso pagar estos yerros.
Y como al fin siendo Dios
tan poderoso y eterno,
tan inmortal y tan sabio
(como lo es su Padre mesmo),
no era posible el morir,
vistióse del traje nuestro,
naciendo de una doncella,
la mejor de tierra y cielo.
Esta es la Virgen María,
de perseguidos consuelo,
de pecadores amparo
y de afligidos remedio.
Désta, en un pobre portal,
nació niño, humilde y tierno,
y al fin después padeció
lo que has oído en el Credo.

Lidora   Y dime, Tizón, ¿podré
ver yo a Dios?

Tizón   No puedes verlo
estando en carne mortal;

que nadie lo ve en el suelo.

Lidora   Siquiera un retrato suyo.

Tizón   Retrato, yo te le ofrezco:
                uno tengo yo, señora,
                de aquel tan felice tiempo
                de cuando Dios era niño.

Lidora   Dámelo; que a un niño tierno
                mejor le caerán amores,
                y es el que tengo en exceso.

Tizón   Este es, Lidora, el espejo
                en quien el cielo se mira.

Lidora   De gozo el alma suspira
                con mirarle.

Tizón   En él te dejo
                cifrado todo el consuelo,
                el contento, la alegría,
                poder y sabiduría
                de todo el empíreo cielo.

(Vase.)

Lidora   Tizón, la sala despeja,
                y pues siempre fuiste fiel,
                guarda la puerta, y con él
                un poco a solas me deja.
                  Solos habemos quedado,
                Eterno Niño, los dos,
                para que mi oscura noche

alumbréis con vuestro Sol.
Decid, Cordero divino,
¿quién tanta dicha me dio,
que siendo como soy perra,
os tenga en mi mano yo?
¿Cómo os deja vuestra Madre
en mi poder? Mas no erró;
que si a mí perra me llaman,
vos sois gigante y león.
Volvedme el rostro, bien mío,
a mirar un corazón
que por los ojos se sale
todo por veros a vos.
Pero no queréis mirarle,
por nacer como nació
en tierra que solo os nombra
por ignominia o baldón.
Sé que soy vuestra enemiga,
porque el agua me faltó
del bautismo verdadero;
pero, divino Señor,
permitid me la concedan,
y porque no falte yo,
daré tanta de mis ojos,
que baste a lavar mi error.
Niño hermoso de las niñas
de mis ojos, sabéis vos
que, a poder sacarlo, al punto
os diera mi corazón.
Dicen que no negáis cosa
a quien pide con fervor;
piedad, mi Niño y Señor,
no me tratéis con rigor,
que si lágrimas os mueven,

lágrimas vertiendo estoy.

(Llora, y salen Gerardo, Dionisio, Marcela y Tizón.)

Marcela

A tus pies, Lidora hermosa,
mi querido esposo llega,
porque es justo te los bese
como a su señora y reina.

Dionisio

Tus plantas me da.

Lidora

                    Levanta;
que no es bien que esté en la tierra
un marido de mi hermana.
¿Cómo estás?

Dionisio

                    Como el que llega
al puerto donde descansa,
después de largas tormentas.

Lidora

¿A qué vienes?

Dionisio

                    Si me escuchas,
dirélo en breve.

Lidora   Esa prenda.
(Dale el Niño.)   Guarda, Marcela, entretanto.

Marcela

Basta mandarlo tu Alteza
para que la guarde yo,
aunque diferente fuera.

Dionisio

Un día, Lidora hermosa,
que las escuadras soberbias

de la gran Túnez llegaron
a Alicata a tomar tierra,
quiso mi desgracia, o quiso
Dios, porque a verte viniera,
que mi esposa con su padre,
un criado y yo, la fresca
estuviéramos tomando
en la apacible ribera
del mar, sirviendo de alfombra
a los cuatro sus arenas;
cuando estando descuidado,
Dios, que las cosas ordena
(del modo que más conviene,
conforme su Providencia),
permitió que nos hallaran
los moros; pero yo, apenas
lo sentí, cuando desnudo
el acero en mi defensa.
Un rato me resistí,
mas al fin, como ellos eran
muchos, de dos estocadas
me hicieron medir la tierra.
Dejáronme, al fin, por muerto
en la apacible ribera,
donde con mi sangre propia
daba esmalte a sus arenas.
Y viéndome de esta suerte,
me privó su fortaleza
de las cosas que en el mundo
de mayor consuelo me eran;
y a mi esposa me robaron
y este viejo, cuyas hebras
blancas en barba y cabello,
toda Alicata respeta.

Quiso el cielo, noble mora,
que mis heridas tuvieran
buen suceso, y así en breve,
sano y libre me vi de ellas.
Así que yo me sentí
con alivio de las penas,
cuando intenté mi jornada,
aunque con pequeñas fuerzas.
Pretendí, Lidora, hablar
(si bien cautivas mis prendas,
pero con salud); mas veo
aquellas dos luces muertas,
sus dos soles eclipsados,
de cuyos rayos pudieran,
si al Sol le faltara luz,
participar las estrellas.
Veo sin vista a mi padre,
y a mi esposa casi ciega
de las lágrimas que vierte
por quién es justo las vierta.
Veo que un traidor, señora,
de esta noble casa vieja
las ventanas ha cerrado,
porque nadie habite en ellas.
Las lunas de aquel espejo,
en quien la honra reverbera,
rompió, porque sus maldades
no se notasen en ellas.
Consideró que a la luz
de su padre era bajeza
hacer las obras que hace,
y así le puso en tinieblas.
A él le quitó la vista,
y a mí, que le hallo sin rienda,

me ha quitado el corazón.

Lidora

Basta, Dionisio, sosiega:
da lugar al tierno llanto;
que quiere Dios que no vea
Gerardo lo que hace su hijo,
que si lo viera, muriera.
¿Tú vienes a rescatallos?

Dionisio

La más parte de mi hacienda
en plata he vuelto, por dar
lo que por ellos pidieran.

Lidora

Si en mi mano su rescate,
Dionisio noble, estuviera,
sin dinero los librara,
aunque aumentara mis penas;
pero no puedo yo darlos;
que aunque es verdad soy su dueña,
y me sirven, pero tengo
al Príncipe dependencia,
y no puedo.

Gerardo

       Sabe Dios,
hijo, que yo no quisiera,
aunque muriera, dejar
de Lidora la presencia,
que como a Marcela estimo,
por ver que tiene Marcela
en ella una noble hermana,
y yo una hija tengo en ella.

Dionisio

Yo no basto a dar las gracias
de ver que mis caras prendas

con tanto respeto tratas;
y el cielo premio te ofrezca.

(Sale Zarrabullí.)

Zarrabullí   ¡Albricias, señora, albricias!

Lidora   Darélas según las nuevas.

Zarrabullí   Que traen preso a Argolán,
el Rey y el fuerte Zulema.

Vase.

Marcela   El cielo nos junta a todos:
Dionisio, muestra prudencia;
que jamás he visto a este hombre
sin causarme mucha pena.

(Salen el Rey y Zulema, y éste lleva una carta, y Zarrabullí saca de la soga a Leonido.)

Zarrabullí   ¡Ande el esclavo!

Leonido   Si soy
siervo y en cadena vengo,
infinitas gracias doy
a Dios, pues tal dicha tengo,
que a satisfacerla voy.

Rey   Ya, Lidora, se ha cumplido,
lo que mandaste, al instante,
pues en cadena he traído,
como ves, al arrogante

que dices que te ha ofendido:
    darte gusto he procurado,
y aunque a muerte condenado,
le traigo hoy a tu presencia;
puedes la justa sentencia
revocar.

Lidora   Hasme obligado,
    príncipe invicto, de suerte,
con tu término cortés,
que aunque me esfuerce a vencerte
con las cortesías, es
muy imposible que acierte;
    así, conociendo voy
en el estado que estoy,
por mil diversos motivos,
que son tuyos los cautivos,
y yo también tuya soy.

Leonido   A vuestras plantas tenéis,
padre, aquel que no merece
nombre de hijo: bien podéis
pisarme; que el cielo ofrece
ocasión en que os venguéis.
    Ya, padre, el cielo ofendido,
a vuestros pies me ha traído;
que es justo, pues mi altivez
poneros quiso a mis pies,
que esté a los vuestros rendido.
    Antes que vaya a morir,
padre, os quiero suplicar
(si me quisiereis oír)
que seáis padre en perdonar,
pues fuisteis padre en sufrir.

A vuestras plantas estoy:
mirad que vuestro hijo soy,
y aunque tanto os he agraviado,
es bien vaya perdonado,
pues que ya a la muerte voy.
    Ya voy a pagar a Dios
las ofensas; a vos, padre,
también; perdonad los dos,
que di la muerte a mi madre,
y esto no lo sabéis vos.
    Al campo, estando preñada,
la saqué, y vióse acosada,
cuando una niña parió,
la que una osa se llevó
en la boca atravesada.
    Quise seguirla y no pude;
que mi madre voceaba,
diciendo que intento mude,
porque el parto le duraba,
y así, que a su pena ayude.
    Dejé la osa perseguida,
volví a la mujer, y hallé
lo que tanto me consuela,
otra hija, que es Marcela,
en tierra, recién nacida.

Gerardo   Hijo, basta; que aceleras
mi muerte con tal tormento:
edad cansada, ¿qué esperas,
pues que sirve de sustento
mi misma sangre a las fieras?

Leonido   El darme perdón os cuadre
deste descontento, padre,

porque tal mi enojo fue,
que con la daga saqué
luego del mundo a mi madre.
    Esto es, padre, lo que pasa;
todo el mal os viene junto,
y aunque la razón me abrasa,
ella murió, y luego al punto
a Marcela llevé a casa.
    Esta muerte di a entender
que del parto sobrevino,
y así no vino a creer
que tan fiero desatino
solo yo lo pude hacer.
    Estas mis maldades son,
de todas pido perdón,
porque la muerte me espera;
vuestro valor no difiera
de darme la absolución.

Rey   Zarrabullí, lleva luego
               donde te dije, a Argolán.

Leonido   Que me perdonéis os ruego,
               porque aguardándome están
               madero, cuchillo y fuego.

Gerardo   Pues tu vida se desvía
               de cualquiera perdición,
               y para la gloria guía,
               dete Dios su bendición,
               hijo, junto con la mía.

Leonido   No lloréis, padre y señor,
               que me causáis gran dolor,

y llorar por mí es en vano;
dadme a besar esa mano
en señal de paz y amor.
    Adiós, Marcela; esos brazos
me da; mi Dionisio, adiós,
que se han llegado mis plazos;
y perdonadme los dos.

Marcela
El perdón y mil abrazos
    te daremos.

Leonido
                Gran Lidora,
ya se ha llegado la hora;
esas prendas te encomiendo.

Lidora
Tú vas a morir, y entiendo
que mi pecho sangre llora.

Zarrabullí
    ¡Venga el perro!

(Vanse.)

Rey
                    Ya se ha ido;
dónde va, sabrás después;
y pues vivo le he traído,
será razón que me des
la mano como a marido.
    Tu palabra diste.

Lidora
                    ¿Pues?

Rey
Que me la cumplas te pido.

Lidora
    En todo andas cortesano,

y pues en ello yo gano,
puesto que lo trabajaste,
ya que mi mano ganaste,
digo que te doy la mano
    Con mucho gusto.

Zulema   Detente,

(Va a darle la mano y se detiene.)

        valeroso Belerbeyo,
        y antes que le des la mano,
        escucha lo que refiero.
        Tu padre el Rey, que ha diez años
        que, como sabes, su cuerpo
        ocupa, por mucha edad,
        una cama estando enfermo;
        que aunque no tiene otros males,
        solamente bastan éstos,
        pues nunca tiene salud
        un hombre en llegando a viejo
        sabiendo que pretendías
        tomar estado, y sabiendo
        dabas la mano a Lidora,
        tan digna de merecerlo,
        me manda que al tiempo mismo
        que quisieses tratar de ello,
        tomando resolución,
        te diese, señor, un pliego,
        el cual de su propia mano
        escribió el anciano viejo;
        que no fiarlo de otro
        es sin duda un gran secreto.
        Esta es la carta, señor;

yo cumplo su mandamiento,
pues que te la di en el punto
que te casas.

Rey   ¡Bueno es eso!
Pues ¿qué pretende mi padre?

Zulema   Eso no puedo saberlo;
cerrada me dio la carta,
y cerrada te la entrego.

Rey   Léela tú.

(Abre la carta Zulema.)

Lidora   ¿Oyes, Marcela?
Si permitiesen los cielos
que no llegase a tener
este casamiento efecto...

Zulema   Toda es, señor, de su mano.

Rey   Léela, acaba; que ya veo
que es letra suya.

Zulema   Así dice:
Estáme, señor, atento.

(Lee la carta Zulema.)   «Hijo, por haber entendido, que quieres
dar a Lidora la mano de esposo, os aviso
como no era vuestra igual, porque habrá
dieciséis años que yendo a caza de cristianos,
en la ribera del Alicata, heredad
famosa de la isla de Sicilia, se la quité a

una osa de la boca, que con feroz violencia
la llevaba. Ella desciende de cristianos,
y así no os conviene por no ser vuestra
igual, ni con mi gusto haréis semejante
casamiento. Y advertid que, de hacer lo
contrario, os podría resultar alguna gran
desgracia, por la indignación que pudiera
tomar nuestro gran profeta Mahoma. Alá
os guarde. Vuestro padre, AMETE, SULTÁN.»

Rey

¿Qué es esto, divino Alá?

Tizón

Que llegó el impedimento
a la primer monición.

Gerardo

¿Qué esto, divino cielo?

Tizón

Desgracia grande, a fe mía:
si hay Papa en Túnez, pedirle
dispensación.

Gerardo

        Calla, necio:
tú mi hija eres, Lidora,
porque si mal no me acuerdo,
las razones de Leonido
conforman con este pliego.

Lidora

Vuestra hija soy, ¡oh Gerardo!
Y gusto tanto de serlo,
que estimo la filiación
más que de Túnez el reino:
Marcela, dame los brazos,
pues tal hermana granjeo,

Marcela   Brazos, pecho y corazón,
                 con el alma te prevengo.

Rey   ¡Vive el cielo, ingrato padre,
                 que por el aviso vuestro
                 quisiera daros mil muertes!

Tizón   Otra pendencia tenemos:
                 bueno fuera haber marchado
                 y no estar aquí; que creo
                 que hemos de majar esparto
                 por el porte de aquel pliego.

Rey   ¿No me dejarás gozar
                 de Lidora por lo menos
                 cuatro días, y después...

Tizón   Después que la papen duelos:
                 él te aborrece, Lidora.

Lidora   Permita, Tizón, el cielo,
                 que me desprecie Argolán.

Tizón   Sí hará; que está bien lo hecho.

Rey   Al fin, ya soy rey de Túnez,
                 y esta vez, como rey, quiero
                 mostrar mi heroico valor.
                 Parte, Tizón, al momento,
                 y si no han muerto a Leonido,
                 di que venga aquí; que intento
                 dar a todos libertad
                 y os vayáis a vuestro reino.

Lidora

    Muestras, señor, ser quien eres.

Rey

    Lo que importa es que al momento
    que Leonido venga, os vayáis
    antes que me maten celos.

(Sale Zarrabullí alborotado.)

Zarrabullí

    Si quieres ver a Argolán,
    invicto rey Belerbeyo,
    alza los ojos y mira.

(Descúbrese una aparición donde está Leonido crucificado, ensangrentado y con corona de espinas.)

Rey

    ¿Qué es esto? ¿Argolán ha muerto?

Leonido

    Ya, padre, ha llegado el plazo
    de satisfacer al cielo
    las ofensas, las maldades,
    las injurias que le he hecho.
    Ya, padre, permite Dios
    que los muchos vituperios
    de que yo le hice fianza,
    los pague en este madero.
    Ya te agradezco y estimo,
    famoso rey Belerbeyo,
    que me pagues como rey,
    pues me das un reino eterno.

Marcela

    Hermano, ruega por mí
    cuando estés gozando el cielo,
    y por tu hermana Lidora,
    porque ya se ha descubierto

ser la misma que dijiste
que se llevó la osa huyendo.

Lidora   Ya soy tu hermana, Leonido.

Leonido   Ahora muero contento,
pues tal ventura he tenido:
Lidora, los altos cielos
te den su gracia.

Gerardo   Y a mí,
hijo del alma, consuelo
de esta cansada vejez,
dame los brazos; que quiero
bañar mi rostro en la sangre
que viertes por Dios eterno.

Leonido   Tu celo es muy justo, padre.

Gerardo   Llégame, Dionisio, al cuerpo
de mi querido Leonido.
Dame los pies; mas ¿qué veo?
Hijos, la vista he cobrado;
que si de mi hijo el acero
con sangre me la quitó,
hoy su sangre me la ha vuelto:
hijo del alma querido,
lo que te suplico y ruego
es que te acuerdes de mí
cuando estés allá en los cielos,
puesto, que soy yo tu padre.

Leonido   Digo que lo haré.

Lidora   Y mi pecho
              merezca, hermano Leonido,
              le alcances en breve tiempo
              me limpie el agua divina
              del bautismo verdadero.

Leonido   Por todos, aunque soy malo,
              prometo hacer como bueno,
              porque los buenos alcancen
              perdón de mis graves yerros.
              Adiós, padre; adiós, hermanos;
              adiós, noble Belerbeyo;
              que te debo más a ti
              que no a todo, el universo,
              Más te debo que a mi padre,
              Porque él me puso en el suelo,
              pero tú al cielo me envías
              con el favor que me has hecho:
              el llanto dejad, señor.
              Y a ti, soberano e inmenso
              Dios, humildemente pido
              que te des por satisfecho:
              misericordia, mi Dios;
              yo pequé, Dios sempiterno;
              pequé, Señor; en tus manos
              mi espíritu os encomiendo.

Rey   Ya del cuerpo salió el alma.

Gerardo   Muriendo pagó la ofensa
              que contra Dios cometió.

Lidora   Señor, si nos das licencia,
              este cuerpo llevaremos.

Rey

Sabe Alá lo que me pesa
que seas su hermana tú,
puesto que, si no lo fueras,
hoy alcanzaras a ser
de todos mis reinos reina.

Lidora

Ya, señor, no puede ser;
Su Majestad me conceda
la merced que le he pedido.

Rey

Lidora, ya mi grandeza
te la tiene concedida,
porque el alma conociera
que el amor que te he tenido
me obliga a hacer tal fineza.
Dame los brazos, y Alá
suerte feliz te conceda
como yo se lo suplico.
Ya todos tenéis licencia
para partir a Sicilia.

Tizón

A Dios plegue que yo pueda
pagar al Rey esta muerte.

Zarrabullí

¿En qué?

Tizón

En la misma moneda;
y al mismo también suplico
que puedas ver cuando quieras
a tu querido Mahoma.

Zarrabullí

Yo, suplico que así sea.

Tizón   Y yo, que nos perdonéis
          las faltas, para que tenga
          con ello dichoso fin
          La Fianza satisfecha.

          Fin de la comedia

Libros a la carta

A la carta es un servicio especializado para
empresas,
librerías,
bibliotecas,
editoriales
y centros de enseñanza;
y permite confeccionar libros que, por su formato y concepción, sirven a los propósitos más específicos de estas instituciones.

Las empresas nos encargan ediciones personalizadas para marketing editorial o para regalos institucionales. Y los interesados solicitan, a título personal, ediciones antiguas, o no disponibles en el mercado; y las acompañan con notas y comentarios críticos.

Las ediciones tienen como apoyo un libro de estilo con todo tipo de referencias sobre los criterios de tratamiento tipográfico aplicados a nuestros libros que puede ser consultado en Linkgua-ediciones.com.

Linkgua edita por encargo diferentes versiones de una misma obra con distintos tratamientos ortotipográficos (actualizaciones de carácter divulgativo de un clásico, o versiones estrictamente fieles a la edición original de referencia). Este servicio de ediciones a la carta le permitirá, si usted se dedica a la enseñanza, tener una forma de hacer pública su interpretación de un texto y, sobre una versión digitalizada «base», usted podrá introducir interpretaciones del texto fuente. Es un tópico que los profesores denuncien en clase los desmanes de una edición, o vayan comentando errores de interpretación de un texto y esta es una solución útil a esa necesidad del mundo académico.

Asimismo publicamos de manera sistemática, en un mismo catálogo, tesis doctorales y actas de congresos académicos, que son distribuidas a través de nuestra Web.

El servicio de «libros a la carta» funciona de dos formas.

1. Tenemos un fondo de libros digitalizados que usted puede personalizar en tiradas de al menos cinco ejemplares. Estas personalizaciones pueden ser de todo tipo: añadir notas de clase para uso de un grupo de estudiantes, introducir logos corporativos para uso con fines de marketing empresarial, etc. etc.

2. Buscamos libros descatalogados de otras editoriales y los reeditamos en tiradas cortas a petición de un cliente.

9 788411 261715